人生に活かす老子

ROUSHI

Ide Hajime
井出元

致知出版社

序――和をもって人生を歩む

『老子』は『論語』と並んで中国の伝統的な文化を象徴する古典です。

まず『論語』は『千字文』とともに華々しく日本文化史上に登場しました。以後、日本人は官民を問わず新進の文化として孔子の教えを取り入れ、家族倫理の基礎を作り、勤勉や誠実さという国民性を育みました。

これに対して『老子』はひっそりと、むしろ形を変えて日本人の精神文化に浸透していきました。武道や茶道といった日本の伝統的な文化は禅宗の思想に影響されたものですが、実は禅宗は老子や荘子など道家思想の影響を強く受けて成立した仏教です。

また老子を開祖と崇《あが》める道教は、日本における神道文化の形成に大きくかかわりました。このように『老子』は衣を着替えて登場し、日本人の伝統的な精神文化の形成に寄与したのです。

孔子と老子　―二人の達人―

孔子は「朝《あした》に道を聞きては夕べに死すとも可なり（もしも朝「真実の道」のことを耳にすることができたならば、その日のうちに死んでもよろしい）」と弟子に語りました（『論語』里仁篇）。それほど孔子にとって「道」とは崇高な存在であり、「道」を求めることは人生の究極の目的であったのです。一方、老子は「道の道とすべきは常の道にあらず（世間一般に説かれている道は「真実の道」ではありません）」と喝破しました（『老子』第一章）。孔子も老子もともに「道」を求めてその人生を送ったのです。

では、彼らのいう「道」とはどのようなものなのでしょうか。これに対して孔子は何も語りませんでした。老子は人間の五官（＝五感）ではとらえられないもの、「玄」と表現しただけです。なぜ彼らは「道」に対して、それ以上言及しなかったのでしょうか。それは彼らの関心が「道」を明らかにすることにあるのではなく、「道」を体現し、豊かな人生を歩むための道筋を明らかにすることに置かれていたからです。

しかし、二人の説く道筋は対照的でした。

孔子と老子に共通しているのは、人間はもともと強い意思を持ち、優しさと善意を持っていると確信し、人間に対する絶対的な信頼を懐《いだ》いている点です。その上で自信を持ってもっと自分らしく生きていいのですよ、というのです。

ただ、孔子はそのためには教育が必要だとしましたが、老子はありのままの自分を見つめ、自然体で生きるための心得を説きました。また、孔子は教育によって高められる人間の知性（理性）に期待し、限りなく成長する人間の可能性に期待を寄せましたが、老子は「真実の道」を感得する人の感性に注目し、人間がいかに人間らしさを失わずに現実の社会においてその生を享受するかを説き、人間の持つしたたかな生命力（生活力）に期待を寄せました。競争社会を生き抜く精神的なタフさこそ、今日『老子』が注目されているゆえんです。

孔子が教育の達人であるなら、老子は人生の達人といったように、この二人の達人は対照的な印象をもって現代に受け入れられています。

儒家と道家　—二本の道筋—

孔子は人と人とのつながりを中心に考え、真心に根ざす道徳的なつながりを重んじました。その教えは後進に受け継がれ、儒家と称されました。さらに時代が下り、国教として儒教が形成され、孔子は学祖になりました。

老子は道徳的なつながりと思えるものが、ともすると形式的なつきあいとか、表面的な交流となってしまい、楽しいはずの日常の生活を堅苦しくし、かえってつらいものにしてしまっている現実に注目し、「真実の道」に対する自覚を説きました。その思想は同時代の荘子や列子などとともに道家というグループに分類されました。そして、さらに時代が下ると、民間の宗教としての道教が形成され、老子は教祖として崇められるようになりました。

このように、両者の立場は一見対照的なものですが、決して対立し排斥しあうものではありません。理想を高く掲げ、平和な社会をめざす孔子の立場と、しっかりと現実を見据え、一人一人の安心と幸福を求める老子の立場とは、それぞれの役割を担って中国文化に深く根を下ろし、悠久の歴史を経て東アジアの精神文化を育んだのです。

さらに「得意の時は儒家となり、失意の時は道家となる」とか、「役所に出ている時は儒家になるが、家に帰って寝転べば道家となる」といわれるように、一人一人の人生を支え、機に臨んでそれらを使い分けることによって、一個の人間の人生に「張り」と「ゆとり」を与えました。

要するに、孔子と老子がそれぞれに示唆した二本の道筋は、相互に補完しあって初めて人生を充実したものにすることができるのです。ここでは、この二本の道筋の行き着くところを「和」という文字で表したいと思います。

「和」の思想

「和をもって貴しとなす」とは、私たち日本人にとって特別になじみのあることばです。また「和して同ぜず」ともあります。これらはともに『論語』に収められたことばであって、「和」を説くことは孔子の教えとして理解されています。しかし、『老子』にも「和を知るを常と曰《い》う（和をわきまえることが、人生にとって永遠にわたる真実の道です）」とあります（第五十五章）。老子もまた「和」を貴んだのです。

では、孔子の和と老子の和とはどのような違いがあるのでしょうか。

「和」とは、語源からすると人の声と声が唱和するという意味です。このことから「なごむ」とか「仲良くする」といった意味が出てきました。また「やわらぐ」「ととのう」「ほどよい」「なごやか」といった意味で使用されています。これらは人間関係における和を意味しています。

また中国の古代には万物を生成する「気」を「太和」といい、宇宙全体の大いなる調和を「大和」とする考え方があります。この「大いなる和」こそ、老子のいう「和を知るを常と曰う」という場合の和に当たります。

森羅万象、この宇宙の中に存在するすべてのものは、常に調和した状態を保っています。その「大いなる和」を自覚し、「常」（真実の道）を実現していくことが万物生成の前提であり、人もまた「真実の道」に従って生活していくことによって生命を全うし、真に豊かな人生を歩むことができ、現実の生活において「和」を実現することができると老子は考えたのです。

孔子は、天道に法《のっと》り「礼」を成文化し、教育によって和に至る道を開きました。これに対して老子は、体験を通して「真実の道」を自覚し、あらためて人生とは何かを考え、現実社会を力強く生き抜き、和を実現するための知恵を提示しました。

孔子の場合、人と人との和、つまり、人間関係における和を説くことが中心となっています。それに対して老子の場合は、人間をも含む宇宙全体に流れる秩序を「常道」（真実の道）とする立場から、より大きな広がりの中において和を説きました。「真実の道」を自覚し、それを体現することによって、自然界との和、運命や境遇との和、心の内面における和、時代の流れや社会の動向との和など、人間関係に限らず、身の回りに起きるすべてのものとの「和」を実現することができると老子は考えたのです。

孔子の説く和が「倫理的な和」であるとするならば、老子は「宇宙的な和」の中で人としての歩むべき道を説いていることができます。

『老子』と現代

『老子』が成立したのは今から二千年以上前の時代です。当時は戦乱の世であると同時に文化が発達し始め、格差社会が出現し、人間関係が多様化していきました。さらに物質文明の発達に伴い、人々は競争社会に巻き込まれて、心の安らぎを見失いつつある「不和」な時代でした。その中で老子は自分の本来の姿を見つめ、もっと楽な気持ちで穏やかに生きることを提案し、そのためのヒントを提示しました。「大器晩成《たいきばんせい》」「和光同塵《わこうどうじん》」「上善《じょうぜん》は水の若《ごと》し」などのことばは、乱世を生き抜き、「和」を招来するための知恵であったのです。

私たちは家族や同僚・友人など周りの人とのかかわりの中で楽しさや安らぎを味わ

います。しかし、私たちが悩んだり、怒ったりするのも人とのかかわりや周囲の人との関係です。つまり、人間関係とは親愛、友情あるいは切磋琢磨《せっさたくま》の関係であると同時に憎悪、対立、相克《そうこく》の関係でもあるのです。

老子は、このような現実の社会で葛藤する私たちの傍らで「肩の力を抜いて、もっと穏やかに生きてはどうですか」と、その根本的な解決のためのヒントをことば少なに語ってくれます。老子のことばを吟味していくと、個人の人生をより充実させるための一陣の涼風のようなことばと出会うことができ、現代社会に和を招来するためのキーワードを見いだすことができます。

各地の名所・旧跡など観光地や大自然に囲まれた温泉郷などへと誘うテレビコマーシャルや新聞の広告などを見ていると、現代の世相が見えてきます。ある山奥の温泉郷の広告に「何もしないをしよう」とありました。都会の喧騒《けんそう》を離れ、静寂な宿屋の一室で温泉につかりながら時間の流れに身をまかせて自分を取り戻そうというのです。

老子のいう「無為《むい》を為《な》す」とはこのことかと思いました。それは文明・文化という現代社会を作り上げてきた人造の世界から離れて悠久の歴史の中に身を置き、豊かな自然に抱かれることによって「我《われ》」を取り戻し、「生きる」ということの原点に触れようとしているのです。それは外に向いていた目を内へ向けることであり、他人と競争して勝ちを求める心を自分自身の心の豊かさを尊ぶ方向へと切り替えることです。そんな傾向が、最近とくに著しいと思います。

ここに老子の説く思想と現代文明との接点があるように考えられます。しかし、これは老子思想の本旨ではありません。老子は山間で静養しつつ心の平安を求めるのではなく、戦乱に明け暮れる現実社会に身を置き、悠然と生き抜いて真の勝者となる秘訣を説いたのです。

老子は、今生きている私たち一人一人に対して、人生に最も必要なことは何かをあらためて考えようと呼びかけはしますが、決して答えそのものを与えてくれるわけではありません。あえて解答の提出を保留することによって、私たち一人一人が静かに人生を顧み、自らの進む方向を自分自身で決めるための「場」を用意したのです。二千余年の彼方より微かに聞こえてくる老子の声に耳を傾け、その教えを人生に活かしたいと思います。

人生に活かす老子＊目次

第三章　よりよい社会を築く知恵――もっと自然に

第四章　運命・境遇を受け入れて生きる――もっと自由に

装　幀——川上成夫
編集協力——柏木孝之

第一章

「真実の道」を生きる

――もっと穏やかに

自然界の和

「人生の四季」ということばがあります。古人は四季の変化を色彩で表現し、青春・朱夏・白秋・玄冬という熟語を創りました。それぞれ、清々《すがすが》しく生気にあふれた青春の時代、真夏の太陽のようなエネルギッシュな壮年の時代、すべてを収斂《しゅうれん》していく静けさの漂う熟年の時代、そして、あらゆるものを包み込み未来への力を育む玄い《おくぶか》成熟の時代を意味します。

人の一生を自然界の生成に投影し、春は春らしく、冬は冬らしく生きることによって、各世代にけじめをつけ段階的に意味づけることによって、充実した人生を送ることができると古人は考えたのです。

「人生の四季」とは、人が自然と和することを目的としたことばです。人生と自然の和を考えることによって、生きているということをあらためて考えるきっかけとなるのです。これは、たいへん興味深い考え方です。

自然現象を「道」の作用として考えるのが老子の立場です。言いかえれば、自然現象を観察することによって「道」の働きが分かるのです。そして、その「道」に従って生活することが人生を全うするための唯一の方法である、と老子は考えたのです。

そこには老子独自の自然界に対する合理的な観察と、人間に対する深い洞察があります。まずは老子の自然への見方について、問いを交えながら探っていくことにしましょう。

一――自然界の和に学ぶ

1.「道」の働き

問い　なぜ老子は自然界の和を考えることが大切だとしたのですか。

大自然の運行を観察すれば、自然界にはあらゆるものを調和させていく力があることが察知できます。しかし、老子にいわせると、人間の作り出した文化は自然界の和を乱す方向に発展しつつあるのです。老子はこのようにいっています。

「天の道は、余り有るを損じて、而《しか》して足らざるを補う。人の道は則《すなわ》ち然《しか》らず」（第七十七章）。

天の道は、余りあるものを減らして、足りないものを補うことによってお互いが平均する状態を保ちます。しかし、人のやり方はそれとは正反対で、欲望にまかせて有り余るものをさらに増やそうとし、足りないものをさらに減らそうとする、と老子はいうのです。

これは現代の格差社会を見ても容易に納得できることばでしょう。老子は、人間社会を平和に導き、一人一人の安心と幸福を招来するために、あらためて自然界の大いなる和の世界に目を向け、それを実現しつつある「道」（真実の道）についての自覚を説いたのです。

問い　「真実の道」とはどういうものですか。

「真実の道」は私たちの感覚では捉《とら》えきれないものなのです。老子は次のように述べています。

「道《みち》の物《もの》たる、惟《こ》れ恍《こう》惟れ惚《こつ》。恍たり惚たり、其《そ》の中に物有り。惚たり恍たり、其の中に象《しょう》有り。窈《よう》たり冥《めい》たり、其の中に精《せい》有り。其の精甚《はなは》だ真、其の中に信《しん》有り」（第二十一章）。

つまり、「道」とは、まずおぼろげでとらえどころがないのですが、その中に何かが存在しているのです。そして、とらえどころがなくおぼろげですが、その中に何かの形があるのです。奥深くて薄暗い、その微かな中に人力を超えた力がみなぎっているのです。その力は純粋で、その働きの中に真実があります。

「真実の道」はこのようにしか表現できないほど神秘で、私たちの五官では把握しきれないものです。このように漠とした「道」をいかに日常生活の中で自覚していくかということが、『老子』全巻に流れる主題です。そんな二千余年の歳月を超えて伝わってきた一言一句に誘われ、老子の説く「和」の世界に遊びたいと思います。

2. 大自然の秩序に学ぶ——自然界の示唆する和のあり方

問い　「道」というのは自然界の秩序と考えてもよさそうですが、自然の秩序に倣《なら》うとはどういうことなのですか。

宇宙的な視点を持って生きる

それは人間と自然が和することを意味しています。秩序正しく運行する大自然の秩序が「和」のモデルです。それは常に躍動的に変化し、成長し続けています。

老子は生成を繰り返す自然界の秩序を模範として人生を考え直し、人をさらに進化させようとしています。つまり、自然界の秩序に倣って和を求めることは、より高度な人生を築くことになります。それは人としての進化をもたらすものなのです。

これについて老子は、まず**「物《もの》有り混《こん》(渾)成《せい》し、天地に先《さき》んじて生《しょう》ず」**と述べています(第二十五章)。

「混成」とは、混じり合って構成されているということです。つまり、この宇宙には、最初、何か一つにまとまったものがあって、それは森羅万象を擁する天地よりも以前に生まれていたようだ、というわけです。

私たちはこの万物の源(「道」)に注目することによって、目先のことにとらわれている自分に気づくことができます。ちょうど地球に帰還した宇宙飛行士が「地球には国境線はありません」といったことばが思い出されます。

老子は私たちに宇宙的な視点で物事を考え直すことを提案しているのです。ちなみに「宇」とは無限の空間であり、「宙」とは無限の時間を意味しています。

すべての源に「道」がある

次に老子は、**「人は地に法《のっと》り、地は天に法り、天は道に法り、道は自然に法る」**と主従のかかわりを説いています（第二十五章）。

人は大地のあり方を模範として生活し、大地は天のあり方を模範として存在し、天は「道」のあり方を模範として絶えず生成を繰り返しています。そして、「道」は自然のあり方を示唆しています。

天地もそれぞれ道に法ることによって永遠に天地であり続けているように、私たちも道を自覚することによって精神を平穏に保ち、その生活に豊かさを維持し、さらなる豊かさを得ることができるというのです。

では、自然界のどのような現象が私たちに示唆を与えるのでしょうか。

これについて**「重《おも》きは軽《かろ》きの根《こん》たり」**と老子はいいます（第二十六章）。重々しいものは、軽く浮き上がったものの根本にある、というのです。何か当たり前のような気がしますが、それが自然であり、大切なことなのです。

これを木にたとえれば、根は重く、葉は軽いというようなもので、根によって取り入れられたパワーは根に蓄えられ、枝葉に栄養が供給され、樹木全体を大きく育てていきます。人間社会も同じで、上に立つ人がどっしりとして、万人に対して生き方の模範を示し、感化していくことが大切なのです。

さらに**「静かなるは躁《さわ》がしきの君《きみ》たり」**ともいいます（第二十六章）。

静かに落ち着いたものは、騒がしく動き回るものの主となるというのです。人間社会においても静かで落ち着いた人は、はしゃぎ回る人の上にいます。真の指導者は、いつも静かに落ち着いて、どっしりとかまえていなければならないのです。

そして、**「栄観《えいかん》ありと雖《いえど》も燕処《えんしょ》して超然《ちょうぜん》たり」**（第二十六章）。

「栄観」とは華やかな催しもの。「燕処」とは静かにくつろぐことです。つまり、道を体得した人は華やかな催しものがあっても、多くの人がはしゃぎ騒いでいても、自分は超然として一人静かにくつろいでいるというわけです。

これらのことはごく当たり前のこと、つまり物事の自然なあり方であると老子はいいます。自然に法るという意味が少し理解できるのではないでしょうか。

問い　もしもこのような自然なあり方を逸脱してしまうとどうなりますか。

老子は**「軽ければ則ち本《もと》を失い、躁《さわ》がしければ則ち君《きみ》を失う」**と述べています（第二十六章）。

上に立つ人が軽々しく浮わついたことをしていると自らの立場を失い、騒がしく動き回っていると、指導者としての威厳を失い、その役割を全うすることができません。指導する立場にありながら、おしゃべりであったり、落ち着きがなく軽々しく物事に対応するようでは、人びとの信望を失うことになり、ついには指導者としての立場を追われることになるというのです。

自然界の秩序に従うということは、決して世を避けて山中で生活することではありません。現実の社会に自然に順応していくことを意味しています。自然界の秩序はそのまま人間関係の秩序でもあるという意味において、自然界は無言のうちに大切な真理を示しているといえるのです。

3. 和を実現するパワー――「沖気」の働き

問い　ところで「和」とは、そもそも何に基づいて実現するものなのでしょうか。

『老子』に「沖気以《ちゅうきもっ》て和を為《な》す」ということばがあります。次の一節に出てくることばです。

「道は一《いっ》を生じ、一は二を生じ、二は三を生じ、三は万物を生ず。万物は陰を負いて陽を抱き、沖気以《ちゅうきもっ》て和を為《な》す」（第四十二章）。

「道」が一つの気を生み出し、一つの気が陰と陽との二つの気を生み出し、次に「三」すなわち陰陽を調和させる「沖気」によって万物が生み出されたのです。「沖気」とは、陰と陽とを調和させて春夏秋冬の変化を生み出し、動植物の生成を成し、本来、大いなる和を実現するエネルギーであり、道の働きのことです。つまり老子は、「森羅万象のすべてが〝沖気〟によって大いなる和を実現している」と考えているのです。

人間もこの世に生を享《う》けている限り、この和の中に存在しているのですが、ともすると真実の道の働き（沖気）を見失い、心の不和を生じます。たとえば、私たちの心には、「道心」（道徳心）と「人心」（利己心）という、相反する二つの心が同居しています。この二つの要素が第三の「沖気」によってうまくバランスをとって、心の和を保ち、穏やかな人格が形成されると老子は考えるのです。

私たちは生まれながらにして葛藤する心の内を何とか鎮めたいと考え、思考を巡らす力を持っています。その力を発揮させ、現実社会を生き抜いていくパワーが「沖気」なのです。よって「真実の道」に想いを馳せ、「沖気」の存在に気づくことによって、心の和を実現する力を自覚することができるというのです。

4. 理想的な和とは何か

問い　自然界が常に和を実現していることは「共生」という事実を考えても理解できますが、この和を「人」に限っていうならば、どういう状態をいうのですか。

赤子の泣く姿に理想的な和がある

老子は、赤子の泣く姿をもって理想的な和としています。それは次のことばに表されています。

「含徳《がんとく》の厚きは、赤子《せきし》に比す。（中略）**終日号《さけ》びて而《しか》も嗄《か》れざるは、和《わ》の至りなり」**（第五十五章）。

「含徳」とは、徳を内に蔵して、外に現さないことを意味しています。

「徳」を豊かに蓄えている人は、ちょうど赤子になぞらえることができます。赤子は自然体のままで限りない精力を持っていますが、争う心がないので、誰からも傷つけられることがありません。「道」を体得した人生の達人も同じく、豊かな徳を秘めており、心が和やかであって争う気配などまったくありません。したがって、赤子と同じように誰からも非難されることなく、傷つけられることもないのです。

また、「号」とは泣き叫ぶこと。「嗄」とは声がかれることです。

生まれたばかりの赤子は一日中泣き叫んでいるのに声がかれることがありません。なぜならば、いらだつこともなく心が平穏であり、最高の和の状態にあるからです。

「徳」を豊かに蓄えている人が実現している「和」は、このような意味において赤子になぞらえることができるのです。

無理な行いは和に反する滅びの道

さらに続けて老子はこう述べています。

「和《わ》を知るを常《じょう》と曰《い》い、常を知るを明《めい》と曰う。生《せい》を益《ま》すを祥《しょう》と曰い、心《こころ》気を使うを強《きょう》と曰う。物は壮《さかん》なれば則《すなわ》ち老《お》ゆ。是《こ》れを不道《ふどう》と謂《い》う。不道は早く已《や》む」（第五十五章）。

「常」とは永遠に変わることのない道、すなわち真実の道のことです。「祥」とは、ここでは凶なる兆しをいいます。「強」とは無理をすることです。

つまり、和をわきまえている人は真実の道にかなった人であるといわれ、真実の道を自覚している人を聡明な人といいます。これに対して、無理して命を延ばそうとすることを不吉なことといい、私心をもってあれこれと詮索《せんさく》することを無理強いするといいます。これらの不吉で無理な行為が強ければ強いほど、老衰へと落ち込んでいきます。これは真実の道に逆らうことであり、真実の道に反するならば早晩滅びてしまいます。

このように、老子はまず「和」の大切さを理解することが重要であるとしています。ところが私たちは、しばしば生活を豊かにしようとして地位や名誉を求めて無理をします。老子によれば、これは生命力を消耗し、健康を害する不吉な行為です。また、自分を良く見せようとか、人よりも有利な立場に立とうとして気を使うことは、心身に負担をかける「無理をしている強さ」です。私たちはつい「和」とは正反対の行為に走ってしまうのです。

このことばからは、老子の説く和の考え方が人間関係の範囲にとどまらず、「真実の道」を実現するあらゆる場面において説かれていることがわかります。つまり、人間関係の和だけでなく、心の内面や時代とのかかわり、さらに運命や境遇とのかかわりなどにおいても、和を実現していかなければならないというのです。

5. 生かされて生きる——和光同塵

問い 「真実の道」に従う生き方とは、具体的にどういうものですか。

鋭いものを鈍くし、難問を解きほぐす

「真実の道」は五官で把握できないものですから、その働きや効用を通して理解するしかありません。これについて、老子は多方面から説いています。

道の働きについて、老子は**「其《そ》の鋭《えい》を挫《くじ》いて、其の紛《ふん》を解く」**と説明しています（第四章）。

「鋭」とは、才能や技能が飛び抜けてすぐれていること。「鋭を挫く」とは、その鋭さを刃にたとえて、あまりに鋭利であると人を傷つけるだけでなく、脆《もろ》く刃こぼれしてしまうといっているのです。「紛」とは、紛糾する出来事や難問を意味します。

つまり、道はすべてのものがそれぞれ居場所を得て調和するように仕向けるために、万物の中で鋭さを持っているものがあれば、それを鈍くし、紛糾する事柄があれば、それを易しく解きほぐして、周りと円満に和していくことに努めるというのです。

これに続いて、有名な**「其《そ》の光を和《やわら》げて、其の塵《ちり》に同《どう》ず」**ということばが出てきます（第四章）。

「光」とは、人の個性にあらわれる聡明さ、優秀さ。「塵」とは、野暮《やぼ》な垢《あか》抜けしていない素朴な世俗の社会をいいます。つまり、真実の道を体得した人生の達人は、輝

く個性の光を和らげて、すべての世俗の塵に自然体で溶け込んでいます。よって周りの人から羨望されることもなく、人を疎《うと》んじることも、欺《あざむ》くこともないので、かえって永遠にその輝きを失うことはないというのです。

無心に、謙虚に、穏やかに

このように「真実の道」は、それを体得した人の言動として理解するしかないのですが、この道の働きについて、老子は次のようにも説明しています。

「天と地との間《あいだ》は、其《そ》れ猶《な》お橐籥《たくやく》のごときか。虚《むな》しくして屈《つ》きず、動きて愈々《いよいよ》出ず」（第五章）。

天地の間は、いわば風を無限に送り出すことのできる「ふいご」のようなものなのです。道は空っぽでありながら、あらゆるものを生み出していく神秘的な力を蔵し、その力によって万物がいつの間にか生まれ、また自然に消えていきます。

このいつ果てるともなく続いている生命の循環を統率する力を例として、老子は「道」の無尽の働きを述べています。

そして「真実の道」を志すならば、まず、最も身近な問題として、発言に注意しなければならないと老子はいい、**「多言《たげん》は数々《しばしば》窮《きゅう》す、中《ちゅう》（盅）を守るに如《し》かず」**と述べます（第五章）。「多言」とは、饒舌なこと。「中」とは、ほどほどのこと。ここではほどほどの発言を表現しています。「中を守る」とは、一方にかたよらないで無心であることです。

社会や国家の情勢、または政策上の議論など、発言すべきところではしっかりと発言しなければなりません。ただし、口数が多いと不用意な発言をしたり、言いすぎたりして誤解を招いたり、発言を裏づける実践が伴わないために、いつの間にか大切な意見までもが消えてしまいます。やはり無心の境地を守って、分に応じて穏やかに発言するしかないのです。

さらに「真実の道」は永遠の生命を持つといい、その万物を育む働きについて**「谷《こく》神《しん》は死せず、**（中略）**緜緜《めんめん》として存《そん》するが若《ごと》く、これを用いて勤《つ》きず」**と述べています（第六章）。

「谷神」とは、老子のいう「道」の異名です。天地万物を産み、育て、養う人知を超えた力を指しています。「緜緜」とは、長く続いて絶えることがないありさまです。万物を養い育てる天地自然の偉大な力は、私たちの感覚を超えた奥深いところで滾々《こんこん》と湧く泉のように永遠の生命を持っていて、途絶えることなく万物を育て続けている、というのです。

天地・万物の源に存する「道」の働きは人目につくこともなく、はっきりと認識できるようなものではありません。しかし、厳然として存在し、私たちはこの大いなる力によって生かされています。そして、この力を自覚することが「生かされて生きる」という謙虚な人生観を懐き、和を実現する前提であると老子は教えるのです。

二——自然界の秩序

1．道徳的な感情を超える——聖人の心と和

問い　「真実の道」というものが万物の根源に存在するということは何となく分かりますが、それは人に対してどのように働きかけるものなのですか。

天道は人間的な感情を超えて万物に平等に働く

老子はまず**「天道《てんどう》は親無《しん》し、常に善人に与《くみ》す」**と述べています。（第七十九章）。

「親」とは、特別に親しむ、えこひいきすることをいいますが、天の道（自然界の運行）にはえこひいきや私情はありません。いつでも天の道に従って、天の働きを助ける善人の味方です。ゆえに、和を実現するためには、天道を信じて私心を去ることが大前提なのだとしています。

その働きを最も的確に示唆するものは自然界の秩序です。たとえば**「天地は仁《じん》ならず、万物《ばんぶつ》を以て芻狗《すうく》と為《な》す」**とあるように（第五章）、天地には万物を育み、完成に導いていく力があります。しかし、そこには人間的な感情はありません。

天地の働きをたとえるならば、ちょうど祭祀の時に用いる「芻狗」（藁で作った犬の置物）のように万物に対応します。しかし、これは祭りの中では大切に扱われますが、祭りが終わって用がなくなれば焼かれてしまいます。

つまり、祭祀の中では藁で作った犬を鄭重《ていちょう》に扱うからといって、それに対して慈しみの心を懐《いだ》いているわけではありません。また、祭祀が終了すれば焼いてしまうからといって、憎んでいるわけでもありません、といっているのです。

天地の働きは慈しむとか憎むといった人間的な感情を超えたものであり、万物を平等に育む偉大な力に基づいているのです。私たちは人間的な感情で慈悲とか憎しみといったことを考えがちですが、天地自然はそういった感情を超えたものなのです。

人間的な感情は大切ですが、時として反感や対立を生むこともあります。そこで真実の道の立場に立つならば、一切の対立は消滅すると老子はいうのです。

また老子は、真実の道の立場に立った理想的な人格を持つ聖人についても、こう述べています。

「聖人は仁《じん》ならず、百姓《ひゃくせい》を以て芻狗《すうく》と為《な》す」（第五章）。

「百姓」とは、人民、国民のことです。つまり、聖人と称される人は、天地自然が万物に対する姿勢と同じように、決して人間的な慈しみの心をもって人に対しているのではありません。人々を藁で作った犬のようにドライに扱います。そこには「慈しみ」などということばでは表現することのできない、虚心に万物を育み、感化していく偉大な意思が秘められています。

愛とか誠実とかは、私たちの心の中に自然に湧いてくるものです。一方で、それらは私情に駆られて自己中心的になるおそれがあります。そんな時に真実の道に目を向けることによって、誰もが懐いている愛や誠実といった道徳的な感情を私情にとらわれることなく正しく育てていくことができるというのです。

2. 水が示唆する二つの教え

問い　自然界の秩序に人間的な感情はないということは分かりますが、どうしてそれが人間にとって理想の生き方となるのですか。

老子の有名なことばに**「天は長く地は久し」**とあります（第七章）。私たちを取り囲んでいる天は永遠不滅であり、大地は広大無辺に広がっているというわけです。この天地の永遠で久遠《くおん》であることは、あらゆるものの理想とするところであり、すべてのものの無理のない自然なあり方を示している、と老子はいっています。

問い　具体的に自然の働きを人間の生き方に反映させたようなことばはありますか。

水は豊かな人生を送るための生き方を教えている

たとえば「**上善《じょうぜん》は水の若《ごと》し**」という有名なことばがあります（第八章）。「上善」とは最高の善という意味です。さらに「**水は善《よ》く万物《ばんぶつ》を利《り》して而《しか》も争わず。衆人の悪《にく》む所に処《お》る。故に道《みち》に幾《ちか》し**」と述べています（第八章）。老子は「水」をもって自然界の秩序を示し、自らの教えの根拠としているのです。

水のようなあり方がなぜ人間の最高の生き方であるとされるのか。それは、水は万物の生育を常に助けているけれど、方円の器に従うように決して争うことがなく、しかも人々がさげすむ低いところにとどまっているからです。

「悪む所」とは、さげすむ、疎んじるような場所です。老子は、水が低いほうに向かって流れることを比喩として、謙虚な姿勢が自然にかなった生き方であるといいたいのです。

そして、水のようにあらゆる境遇を受け入れ、万物の生命を育むという偉大な働きをなしているにもかかわらず、自負することもなく、いつも平穏にひっそりと自らの地位にとどまっている、そんな生き方を「真実の道」にかなった豊かな人生としたのです。

「上善」すなわち最高の善とは、道徳的な善不善を指すのではなく、自然界の秩序に倣って生命を愛《め》でることを念頭に置き、平穏な生活を営むための道をいいます。

言いかえるならば、水のようにあらゆるものに自然に順応し、万物を恵み潤しながら自らは人のさげすむ低い場所にとどまっているという自然界の示すこの事実は万人の認めるものであり、それに倣って言動を調《ととの》えていくことが自然に法《のっと》った生き方なのです。徹底して争わない、そして、すべてのものと和していくということを老子は大切にしています。

天地や水が暗に示している謙虚さや自在な動きが、人生を真に豊かなものにする最善の生き方を示唆しているというのです。与えられた境遇や不条理な出来事を自然に受け止め、やがて大海に注いでいくという不断に前進していく力強い生き方こそ、現世を生き抜いていくための唯一の方法であるとするのが老子流哲学の根本です。

しかし、水はもう一つ大切なものを持っています。それは、何の作為もなく自然にあらゆる物の形を変えてしまうほどのパワーです。それは他の人を感化する聖人の無為の行為に象徴される人としての根源的な力であり、あらゆるものを和していく力です。

これについて老子は次のように述べています。

「天下の至柔《しじゅう》は、天下の至堅《しけん》を馳騁《ちてい》す。有る無きものは、間《すきま》無きに入《い》る。吾れ是《ここ》を以て無為の益あることを知る」（第四十三章）。

「至柔」とは、最も柔らかいもの、すなわち水のことです。水は「道」のあり方を象徴しています。「至堅」とは、鉄や岩石などのように硬いもの。人のかたくなな心やとらわれを意味しています。「馳騁」とは、駆け回り、浸透していくこと。「有る無きもの」とは、実体がなく物事に抵抗を感じさせないもの、これも水のことをいっています。

つまり、水が岩石を砕き、押し流すように、世界中で最も柔らかく弱々しいものが、実は世界中で最も堅く逞しいものを思い通りにしてしまうのです。これは人生の根本的なあり方を示唆している、と老子はいいます。

実体のないものであるからこそ、少しの隙間もないところまで抵抗なく入っていくことができるのです。それは決まった形を持たない水がどこへでも自然に浸み込むようなものです。ここから、水のような存在であってこそ、あらゆるものに大きな影響や利益を与えられるのだと知ることができます。

これを人に限っていうならば、柔軟な心をもってあらゆる場面に自然に対応していく力といっていいでしょう。

ところが実際はどうでしょうか。

「天下《てんか》水より柔弱《じゅうじゃく》なるは莫《な》し。而《しか》も堅強《けんきょう》を攻むる者、これに能《よ》く勝《まさ》る莫し。其の以てこれを易《か》うるもの無きを以てなり。弱《じゃく》の強《きょう》に勝ち、柔の剛に勝つは、天下知らざる莫きも、能く行なう莫し」（第七十八章）。

老子にとって、水は処世にあたって理想的な道を示唆するものであり、真実の道を象徴するものです。世界中に、水よりも柔らかで弱々しいものはありません。しかし、堅く強いものを崩壊させることになると、水に勝るものはありません。水の性質を変えるほどの力を持つものは他に存在しないからです。

人生の達人は水のような生き方をしています。

そして、水のように弱々しいものがかえって強いものに勝ち、柔らかなものがかえって剛《かた》いものに勝つということは、誰もが知っていることです。しかし、目先の利益に幻惑され、それを真摯《しんし》に実行しようとする人は稀である、というのです。

要するに、私たちは「水」のように何物にも順応していくタフさと、何物をも変えてしまう力強さの双方を体得することが大切であるといっているわけです。

3．自然の秩序に従った人間のあり方

問い　水の働きを人の行為や精神のあり方に置き換えるとどうなりますか。

誰とも争わず、誰とも競い合わず

まず、精神のあり方についてては「**心には淵《えん》なるを善《よ》しとし**（心は奥深いことがよい）」と述べています（第八章）。

つまり、心に温かさと清らかさとを保ち、周りの人びとに静まりかえった淵のような深い静けさを感じさせることが大切なのです。真実の道を体得した人の自然体で穏やかな物腰は、人びとの心に安心感を懐かせ、いつとはなしに感化を与えていきます。

人間関係については**「与《まじわり》には仁を善しとし**（人とかかわる場合は思いやりの心が大切である）」とあります（第八章）。

このことばには少し解説が必要でしょう。たとえば援助を必要とする人に対しては、直ちに手を差し伸べなければなりません。しかし、それによって相手が依存心を持ってしまったり、逆に援助した人が相手に恩を売ったりするようになっては台無しです。そこで誰に援助されたのか、いつ援助されたかも気づかないように援助することが真実の道に従った思いやりであるというのです。

「仁」とは、孔子の説く最も大切な徳目です。これは道徳的な自覚をもって人を愛することをいいますが、老子の場合は、自然体で、無私の心で、ひっそりと手を差し伸べることを意味しています。

さらに**「正（政）には治を善しとし、事には能《のう》を善しとし、動には時を善しとす**（物事を治めるのは事件が大きくならないうちに発見して対応し、常に何もなかったかのように平穏で自然に治まることが大切である。事業を起こすには、適切に自然に処理することに有能でなければならない。行動を起こす場合は最適な時機を見いだし、時機を待って実行に移すことが大切である)」と述べています(第八章)。指導者は、常に情勢の変化に気を配り、事件を事前に察知して、人びとが不安を感じる前に対処することが肝心です。そのためには先見の明を持ち、臨機応変に政策を展開していく能力が最も大切であるといっているのです。

指導者の判断が時機にかなっていなかった場合、多くの犠牲を生み、取り返しのつかない事態を引き起こします。ここで大切なことは「時」ということです。「時」とは、物事を実行に移す場合に天が与えた時機のことであり、時機は私利私欲をなくして初めて感得できるものです。

以上挙げたような生き方こそ、水が示唆する生き方です。

すなわち**「夫《そ》れ唯《た》だ争わず、故に尤《とが》め無し」**(第八章)。水のように周りと衝突し争うことがなく、競い合うようなことがないならば、はじめから争いなどありえません。争うことがなければ咎《とが》められることもない、というのです。

「真実の道」に従うということを水にたとえ、それは水のような生き方なのだと考えてみると、具体的なイメージを懐《いだ》くことができるでしょう。「真実の道」に従うとはどういうことかが少し見えてきたのではないでしょうか。

欲望とのつきあい方

成功と幸福との関係は複雑です。成功した人が果たして安心や幸福を味わっているであろうか——。この素朴な疑問が老子の哲学の根底に流れています。そして、それはそのまま現代に生きる私たち自身が感じている疑問でもあります。

老子は、欲望というもののあり方について、次のように述べています。

「金玉堂《どう》に満《み》つるは、これを能《よ》く守る莫《な》し。富貴にして驕《おご》るは、自《みずか》ら其《そ》の咎《とが》を遺《のこ》す」（第九章）。

「金玉堂に満つる」とは、自分の分限を越すほどに財産を所有していることです。つまり、黄金や宝玉を家中いっぱいに所蔵し、それが分限を越えているならば、とても守りきれるものではないでしょう、といっているのです。

これは仕事や役割の分担も同じことです。何でも自分一人で抱え込んでしまうと、目先のことに気を使い、本来の目的や初心を見失い、自分自身を見失って大きな過ちを犯すことにもなりかねません。

財産と地位ができておごり高ぶっていたのでは、人びとの感情を損ない、時勢の変化にも気づけず、やがて自ら不幸を招くことになります。ゆえに、財産ができても、地位が与えられても、いつもと変わらない平穏で自然な生活をすることが大切であるというのです。

ここから**「功遂《と》げて身の退くは、天の道なり」**ということばが出てきます（第九章）。仕事をやり遂げたならば、守成に回ることなく、さっさと身を引いて引退することが天の道、すなわち「真実の道」にかなった振る舞い方である、というのです。その栄光の地位から人知れず身を引くことのできる謙虚な生き方こそ、真の指導者のあり方であるというわけです。

老子の教えに潔さというものを感じませんか？　潔さとは私欲をなくして初めて実現できる精神であると思います。そう考えると、先に挙げた「上善は水の若し」ということばの意味が理解できるのではないでしょうか。

ここで注意しなければならないことは、自然を尊ぶといっても、現実社会を捨てて自然に返れといっているわけではなく、現実の社会に自然に順応していく（和していく）ことを説いている点です。このことは『老子』を読み進むうちに追々理解できるでしょう。

4．老子の目に映る自然界の姿

問い　自然を尊ぶとか水を尊ぶということの意味が少し分かってきましたが、老子の目には何が映っているのでしょうか。

すべてのものは元に戻っていく

「**虚《きょ》を致《いた》すこと極《きわ》まり、静《せい》を守ること篤《あつ》し**」ということばがあるように（第十六章）、人生の達人は常に心の清澄《せいちょう》さを保っているものです。そして、何事に対しても少しの波風も立たない湖面のような静けさをもって対応し、その状態をいつまでも維持しています。このように虚心になり、静寂の中に身を置くと、自然界の躍動する姿が見えてきます。

では、老子の目に映る自然界の姿とはどういうものでしょうか？　老子はこう述べています。

「万物《ばんぶつ》は並《なら》び作《お》こるも、吾《わ》れは以て復《かえ》るを観《み》る。夫《そ》れ物《もの》の芸芸《うんうん》たる、各々《おのおの》其の根《こん》に復帰《ふっき》す」（第十六章）。

「並び作こる」とは、森羅万象が生成すること、「復る」とは、元に還ること。生死、盛衰を繰り返すさまをいいます。「芸芸」とは、草などが繁茂する状態を意味します。

万物はすべて競い合って限りなく伸展し続けるように見えますが、それは決して無制限に成長し続けているのではありません。万物がやがて再び元に戻り、生死、盛衰を繰り返していくものであることを見据え、さらに盛んに繁茂している植物を見ると、私にはそれぞれがやがてその生まれ出た根元に帰っていくものであるように見えます、と老子は独白しているのです。

さらに続けて**「根に帰るを静と曰《い》い、是《こ》れを命《めい》に復《かえ》ると謂《い》う」**と述べます（第十六章）。

「根に帰る」とは生まれ出た根元に帰ること。本来の姿に戻ることです。また「命に復る」とは、自然の法則、天命に従うことを意味しています。つまり、静寂さを保ち、常に自然の法則に従うという穏やかな気持ちを大切にしなさい、といっているのです。

根元に帰るとは、何事も生滅、盛衰を繰り返すものであるという自覚を持ち、奥深い静寂の世界に入ることです。それは、そのまま「真実の道」に従って本来の姿に立ち戻ることを意味しています。このような自覚を懐くことによって、心の中に静寂さと穏やかさを保ち、あらゆる場面に和することができて、充実した人生を送ることができると老子はいうのです。


そして、**「命《めい》に復《かえ》るを常《じょう》と曰《い》い、常を知るを明《めい》と曰う」**（第十六章）。

「常」とは、不変的な秩序、「真実の道」です。つまり、運命に立ち戻り、本来の姿に帰ることは、一定して変わることのない常道であり、この道をわきまえている人を明智の人、すなわち最高の知恵者というのです。

すべてのものはやがて元に戻っていきます。復帰することは決して後ろ向きな人生観ではありません。老子の目には、誕生と復帰を繰り返す大自然の壮大な秩序、すなわち「真実の道」の働きがはっきりと映っているのです。

原点に返る生き方を志向する

老子は続いて次のように述べます。

「常《じょう》を知らざれば、妄作《もうさ》して凶《きょう》なり。常《じょう》を知れば容《よう》なり。容は乃《すなわ》ち公《こう》なり、公は乃ち王《おう》なり、王は乃ち天《てん》なり、天は乃ち道《みち》なり、道は乃ち久し。身《み》を没《お》うるまで殆《あや》うからず」（第十六章）。

「妄作」とは、私心にまかせて、人力を過信し、道から外れている行為のことです。

この世の中のあらゆる秩序を一貫する道理（真実の道）を確信していないと、人は私心にまかせ、自らの力を過信し、道から外れて悪い結果をもたらします。そして、道を知る者はあくせくしないので寛容であり、寛容であれば人びとに対して公平であり、公平ならば真の指導者として人の上に立つことができます。人の上に立つことができれば自然の法則にかなった行いができ、自然の法則にかなった行いができれば、道を体得することができます。道を体得することができれば、長寿を保ち、生涯身を危険にさらすことはないでしょう。

これが「真実の道」を志し、体得した成果なのです。

そして**「反《かえ》る者は道の動《どう》なり。弱き者は道の用《よう》なり」**と述べています（第四十一章）。

「反」とは、原点に返ることです。つまり、常に前を向いて突き進むことよりも、人としての原点に復帰しようとすることこそ道に倣った生き方であり、強く逞しいことよりも柔弱であることを心がけることが道に従った生き方である、というわけです。

三――生命を貴ぶ

1．人生における最大の課題――天寿との和

問い　老子は天寿を全うすることを大切にしたと聞いています。このことと「和」との関係はどのようなものですか。

天寿の全うは人にとっての最高の和の実現

老子は前世や来世に思いを馳せることはありませんでした。あくまで生まれてから死ぬまでの人生を中心に「真実の道」を説いています。したがって、天寿（天与の寿命）を全うするということが人としての最高の和の実現なのだと考えました。

しかし、その天寿を全うできない人がいるのも事実です。それはなぜなのか。老子は次のように考えを述べています。

「生《せい》の徒《と》は十に三有《あ》り、死の徒も十に三有り。人の生、動いて死地《しち》に之《ゆ》くも、亦《ま》た十に三有り」（第五十章）。

ことさらに生きようともしないでも長生きする人が十人のうち三人はいるものです。また、長生きできない人も十人のうち三人はいます。しかし、生まれつき長生きできる素質を持っているのに、働きすぎたり、美食にふけったりして長生きできない人も十人のうち三人はいます。

「夫《そ》れ何の故ぞ。其の生を生とすることの厚きを以《もっ》てなり」（第五十章）。

長生きすることのできる素質を持ちながら、実現できないのはなぜかというと、それは「生」に対する執着が強すぎるからなのです。

天寿を全うするためには衣食に配慮しなければなりませんが、人は「生」すなわち生きるということに執着しすぎるために、かえって健康を損なうことがあります。人によっては名誉や財産を生きがいとするでしょうし、また長生きすることを生きがいとすることもあるでしょう。

ともに間違ってはいないのですが、それらにとらわれて度を超すと、天寿との不和を生じてしまうと老子はいうのです。

「善《よ》く生を摂《せっ》する者は、陸行《りっこう》して兕虎《じこ》に遇《あ》わず」（第五十章）。

「陸行」とは、旅をすること。「兕」とは、野牛のような一角の獰猛《どうもう》な獣のことです。

「十人のうちの最後の一人は道に従って生命を大切にする人であって、陸地を旅しても猛獣に遭遇することはないし、敵軍と遭遇しても被害を受けません」といっています。

真実の道に従って人生を歩むならば不慮の事故さえも避けることができるというと、何か神がかって聞こえますが、これは、不慮の事故にあったとしても、それを穏やかに受け入れ、悠々と天寿を全うしていくことが大事なのだと理解すればいいでしょう。

つまり、天寿すなわち与えられた寿命を自然に無理なく全うすることが真実の道にかなった生き方であり、自らの人生における和の実現なのです。しかし、過度の働きや、欲望に対する執着は、その与えられた生命を傷つけてしまいます。これは人生における最大の不和であると老子は指摘しているのです。

2. 生きるとは何か

問い　「和」の究極は生を全うすることだというのですが、そもそも「生きる」とはどういうことだと老子は考えているのですか。

執着を捨てて、柔軟に構える

不老長寿とか、いつまでも元気でいたいと考えるのは人情です。しかし、そのことにとらわれてしまうと、生に対する執着となり、生かされているという自覚を失ってしまいます。ゆえに、老子は次のように述べます。

「唯《た》だ生を以て為《な》すこと無き者は、是れ生を貴《たっと》ぶより賢《まさ》る」（第七十五章）。

そもそも長生するということをとくに気にかけたりしないで自然に生活している人は、不老長寿を願い、むやみに自らの生に執着する人よりも勝っているのだ、と。

私たちは生かされているのであって、生きているのではないのです。生かされているという自覚を持つことによって、生きることに対するとらわれはなくなります。そして、生きていることとの和が実現するのです。

また、生きることの本来の姿について、老子は次のように述べています。

「人の生まるるや柔弱《じゅうじゃく》、其の死するや堅強《けんきょう》なり。万物草木《ばんぶつそうもく》の生まるるや柔脆《じゅうぜい》、其の死するや枯槁《ここう》なり。故に堅強なるものは死の徒《と》にして、柔弱なる者は生《せい》の徒なり。是《ここ》を以《もっ》て兵《へい》は強ければ則《すなわ》ち勝たず、木《き》は強ければ則ち折《お》る。強大なるは下《しも》に処《お》り、柔弱なるは上《かみ》に処る」（第七十六章）。

人が生まれたときは、その体は柔らかく、弱々しいものです。心も潤いがあり、自由闊達です。心身ともに柔らかく弱々しいということが生きている証しであって、死ぬ時は、硬く強張ってしまいます。

樹木でも古木となると堅固に見えますが、強風を受けると弾力がなく、あっけなく折れてしまいます。人も同じように、自然体で柔らかく心身ともに柔軟に生きるほうが、精神的にも充実し、健康を保つことができるのです。

国であっても、強大な兵を有すると、それを頼みにして敗れ、樹木も堅固であるとかえって折れやすいのです。そして、物事はすべて樹木の幹と小枝のように、堅固で大きなものは低い下のほうにあり、柔らかで弱々しいものが上のほうにあります。これは自然界の法則に適った和の状態を表しているのです。

「生きる」ということを「天寿を全うする」と考えてもいいでしょうし、「所信を全うする」と考えてもいいでしょう。いずれにしても、その取り組み方には「和」と「不和」があるということを理解してください。

第二章

心の平和を保つ

――もっと豊かに

心の和

私たちは日常生活の中で自責の念にさいなまれ、釈然としないわだかまりを懐《いだ》くことがあります。心の内は常に不和な状態にあるので。人は生きている限り心の不和と葛藤し、その和を求める過程が本人の人生を形成し、人格を培っていきます。

私たちは、孔子の説くように自分の意思で学習し、常識とマナーを身につけた人をめざしています。これは時代、年齢を問わず、すべての人にとっての課題でしょう。

しかし、時には挫折したり、失意の中で時を過ごさなければならない時もあります。それは誰もが経験することです。

窮地に立たされた時、自分の力を信じて頑張ろうという力がどうしても出てこない場合もあるでしょう。たとえば一生懸命に書き上げた企画書が認められなかったり、つらい練習の末に臨んだ試合に負けてしまったりして、自信を失うこともあるでしょう。

そんな進退窮まってしまった時、老子は「そのままでいいんだ」と優しく自分を受け入れることを教えてくれます。そのことばには「よく頑張ったね」と優しく抱いてくれるお母さんのような温かさが感じられます。その一言によって、もう一度頑張ろうという力をみなぎらせることができるのです。

老子は現実社会を平和に導くことよりも、心の和を大切にしました。競争社会の渦中にある人々の心の和を求めたのです。そこには、社会の最前線で活動する指導者も、社会の底辺で蠢《うごめ》く人々も、それぞれが懐いている心の葛藤に対する深い洞察がありま す。老子の一言一句は人に対する深い信頼と、その生命力に対する絶大な期待によって裏づけられているのです。

一――人についての洞察

1．誰もが善意を持っている――人への信頼と和の実現

問い　老子の思想はあくまで現実に生きる人を中心として展開されているという話でした。では、彼はどのような人間観を持っていたのですか。

徹底的な性善説に立つ

和の実現は現実に生きる人と人との間柄において最も切実な問題として課されてきます。私たちは人とのかかわりにおいて喜びを味わい、また生きる意義を見いだします。しかし、一方では、悲しみ、憎しみもまた人とのかかわりにおいて生まれてくるのです。

では、人は人とどのようにかかわればいいのか。和を求める老子は、これについて、徹底した人への信頼を基本とするといっています。

「聖人は常に心《こころ》無く、百姓《ひゃくせい》の心を以て心と為《な》す。善《ぜん》なる者は吾《わ》れこれを善《よ》しとし、不善なる者も吾れ亦《ま》たこれを善しとす。徳、善なればなり。信《しん》なる者は吾れこれを信じ、不信なる者も吾れ亦たこれを信ず。徳、信なればなり」（第四十九章）。

「百姓」とは、国民のこと。ここでは文脈から農民を指しています。農民の心とは何でしょうか。それは、「農民が作付けをし、作物に分け隔てなく肥料を与え育てるような心」であり、常に私心を懐くことなく、平等に目をかけることです。

聖人は、そのような心で人と接します。ですから、世間でいう善い者を善い者として待遇することはもちろん、善くない者も本来は善い者として応対するのです。それはちょうど、農民がよく育った苗を見て喜び、育ちの悪い苗を見て特別に手をかけて育てようとするのに似ています。

聖人がそのように対応できるのは、人にはもともと、そのような善なる本性がそなわっていることを前提としているからです。

ですから、誠実な人を誠実だとして信用する一方、誠実でない人でも本来誠実な人であったとして信用します。人にはもともと誠実さが備わっているということを前提として人びとに対応しているのです。

これは、誰もが善意を持っているという徹底した性善説の立場に立った考え方といっていいでしょう。

そこで**「聖人の天下に在《あ》るや、歙歙《きゅうきゅう》たり、天下を為《おさ》むるや渾渾《こんこん》たり」**と述べています（第四十九章）。

「歙歙」とは、控えめに無心であること。「渾渾」とは、物事を差別することなく、善く融和させることです。真の指導者が天下の人びとに応対する時は、その身を控えて無心に振る舞います。また集団を治める時は、知恵や分別をかざすことなく、すべてを温かく包み込んでしまいます。

つまり、人に固有の善なる本性（徳）を引き出すには、ただすべてを受け入れるだけでいいというのです。これは人間関係における和を考える際の重要なヒントです。

2. 五官の限界を知り、心を平静に保つ

問い　老子は「道」について説く一方で、それが五官では把握できないことを強調しているようです。これはなぜですか。

見えないもの、聞こえないものがあると認識する

確かに、老子は超感覚的なものとして「真実の道」を説くのですが、その理由を考えると、人間の身勝手さとか高慢心を戒めているように思えます。たとえば、次のことばにもそれが感じられます。

「これを視《み》れども見《み》えず、名づけて夷《い》と曰《い》う。これを聴《き》けども聞《き》こえず、名づけて希《き》と曰う。これを搏《とら》うるも得ず、名づけて微《び》と曰う」（第十四章）。

「これ」とは「真実の道」のこと、「夷」とは影も形もなく目立たないことです。また「希」とは音声でとらえられないもの、「微」とは極めて小さいものをいいます。「真実の道」は人間の感覚ではとらえることのできないもので、見ようとしても見ることができません。そこで影も形もないものという意味で「夷」と名づけておきましょう、というのです。

これは、もともと肉眼でとらえることのできないものを、あえて見ようとして自分勝手な幻覚に陥ることを戒めています。「真実の道」を自覚するためには心を清澄に保ち、体感するしかないのです。

また、この「真実の道」は耳を澄ませて聞き取ろうとしても聞こえません。そこで音のないものという意味で「希」と名づけておきましょう、というのです。本来聞こえないものを聞こえたかのように思うのは幻聴です。心静かに森羅万象の生滅を見つめ、声なき声に聞き入るしかないのです。

さらに「真実の道」は手でさぐり取ろうとしてもとらえられません。そこで微小でかすかなものという意味で「微」と名づけておきましょう、といっています。

もともと把握することのできないものを把握しようとすることは徒労であり、もしもとらえることができたと思うのであれば、それは大きな高慢です。真実の道を把握しようとするならば、ひたすら「真実の道」を志して生活するしかないのです。

しかし、私たちはつい、五官で把握できる範囲で物事を判断してしまいます。そして、その五官は人それぞれに異なったものなのですが、その判断にとらわれてしまいます。あるいは、見えないものを見えたとしたり、聞こえないものを聞こえたとすると神秘主義に陥り、人は大きな迷いの中に入り込んでいきます。

ゆえに老子は、神秘の世界に入ることなく、現実生活の中での体験を通して「真実の道」を体現することを説いたのです。

3. 豊かさを味わう感性を研ぎ澄ます——五官の働きとの和

問い　東南アジアでのボランティア活動を終えて帰国した学生がこういいました。

「老子を読んでいると人の豊かさとは何だろうと疑問に感じました。東南アジアでは、何もない場所で、何の遊び道具もないのに子供たちはみんな楽しそうに笑顔いっぱいなんです。それに対して日本の子供たちは物質的に豊かな環境の中で、いつの間にか大切なものが見えなくなっているのではないでしょうか」と。これについてどう思いますか。

質実な生活によって心身は安定する

老子は二千四百年の彼方から現代文明を見通したかのようなことばを伝えています。

「五色《ごしき》は人《ひと》の目をして盲《もう》ならしむ。五音《ごいん》は人の耳をして聾《ろう》ならしむ」（第十二章）。

「五色」とは、青・黄・赤・白・黒の五つの色。ここではゴテゴテした派手な色彩を意味します。「五音」とは、宮・商・角・徴・羽の五つの楽器の奏《かな》でる音色、楽器が奏でる大音響のことです。

実際の生活を充実させ、真に豊かにしているものは、決して絢爛豪華な色彩ではありません。しかし、私たちはつい原色を交え、鮮やかな色彩をほどこした衣装や調度品に魅了されてしまいます。そうしているうちに、やがてその刺激の中におぼれてしまい、内に潜む真実の美を見極めるセンスを衰えさせてしまうのです。

また真実の音を聞き取るためには、静かに耳を澄ませることが大切です。しかし、私たちは多くの楽器を交えた音楽に惹きつけられてしまいます。そうすると、本来持っている耳の働きを失い、真実の声に耳を傾けようとすることを忘れてしまうのです。

さらに続けてこういいます。

「五味《ごみ》は人《ひと》の口をして爽《たが》わしむ。馳騁畋猟《ちていでんりょう》は、人の心をして狂《きょう》を発せしむ。得難《えがた》きの貨《か》は、人の行ないをして妨《さまた》げしむ」（第十二章）。

「五味」とは、鹹《かん》（しおからい）・苦・辛・甘・酸の五つの味、ここでは手の込んだ濃い味つけの凝った料理のことです。「馳騁畋猟」とは、野山を駆け巡って狩りをする遊びのこと。「得難きの貨」とは、手に入れにくい宝物のことです。

食材を味わうためには、味覚を敏感にしておかなければなりません。しかし、美食を愛し、香辛料を効かせた手の込んだ料理を食べ続けていると、私たちは本来持っている味覚を損ない、食材の本当の味を味わうことができなくなります。

また、静かに生活し、穏やかに暮らすためには、心を平静に保つことが大切です。しかし、人はより過激なものを求め、乗馬や狩猟などのゲーム感覚の歓楽に熱狂します。そして、ついに平穏な生活を求める本来の心を見失い、心を狂わせ、次々に過激なものを求めてしまうのです。

高価で希少な宝物は誰もが手に入れることはできません。すると何としても手に入れたいと考え、挙げ句の果ては盗んでまでも手に入れようと考えるようになります。金銀財宝などを珍重すると、人びとは質素を心がけ平安でありたいという本来の望みを見失い、言動を誤ってしまうのです。

この老子のことばは、現代人に対する強烈なメッセージとして意味を持ってくると思います。私たちの周りには多すぎて見えなくなってしまったものがたくさんあるように思えます。先の学生が感じた現代社会への疑問も同じことでしょう。

そこで老子は聖人を登場させて**「聖人は、腹を為《な》して目を為さず」**と言い放っています（第十二章）。

「腹」とは人間の生命力や生活力のこと、「目」とは欲望によって眩《くら》まされるものです。道を体得した人は心身の安定を実現するための質実な生活を第一とし、目先にとらわれ、五官を惑《まど》わすような華美な生活をしません。「真実の道」を志す人は、常に心の静寂なことと人としての真の聡明さを大切にし、平穏な生活を心がけるのです。

ここで注意したいことは、五官で感じることはだめだといっているのではないということです。私たちは五官で物事を察知しなければならないのですが、真の豊かさを味わうことのできる感性を磨き、その機能を冴《さ》え冴《ざ》えとしておくことが大切だというのです。そのために「真実の道」に思いを馳せることによって、現実生活における「和」を実現するために五官を正しく活用しなければならないのです。

その意味で、帰国した学生は東南アジアの子供たちから人生において一番大切なものを示唆されたといっていいでしょう。

4. 自然体で生きる——和を基準とした人物評価

問い　和を求めることとの重要性と、人には和を実現する力が備わっているということが分かりました。しかし、現実には不和な人や場面が多々あります。老子は現実に生きる人々をどのように見ていたのでしょうか。

上徳の人と下徳の人の違い

まず、老子の人物に対する評価を見てみましょう。老子の人物評価の基本は「真実の道」および周囲との「和し方」の程度にあります。これについて、次のようなことばがあります。

「上徳《じょうとく》は徳とせず、是《ここ》を以《もっ》て徳あり。下徳《かとく》は徳を失わざらんとす、是を以て徳なし」（第三十八章）。

「徳」とは、個人の人格にひそむ道徳性を意味し、本来は儒家が眼目としたものです。老子のいう「徳」とは儒家のそれとは違い、「真実の道」を志す人の人間性をいいます。「上徳」とは真実の道を体得した人、「下徳」とは「上徳」の人をめざして修行している段階にある人をいいます。

「上徳」の人はひたすら「道」に従って行動するだけで、本人はそれが徳のある行いであるかどうかなど意識することはありません。また、周りの人もごく自然な言動と感じるだけです。このような人を真に徳のある人といいます。

「下徳」の人は、常にその徳を意識して行動します。「徳」にとらわれているため、上徳の人と比べるとその言動はどこかぎこちなく、周りの人にも時に偽善と思われてしまいます。このような人は真に徳が身についた人とはいえません。たとえ「道」にかなった言動であっても、それが周りから浮いてしまっているならば、すでに根本において「真実の道」に従ったものではないのです。

「上徳《じょうとく》は無為《むい》にして、而《しか》して以て為《な》すとする無し」（第三十八章）。

「無為」とは、一切何事もしないという意味ではありません。作為的に行動しないということです。「上徳」の人は徳を意識せずことさらな仕業をしない「無為」の立場を守っているので、一切のことを自然に無理なく成し遂げてしまいます。このような人こそ真に徳が身についている人と称することができます。

これに対して「下徳」の人は、人目につく行動をし、常に徳を意識して行動しています。「上徳」の人が無為であるのに対して、こちらは「有為」です。これは自然体の行動ではないので、気疲れし、周りの人も緊張し、その徳を評価されないのです。すなわち、徳の上下の差は「真実の道」との和し方にあるといえます。

老子の考える仁・義・礼の意味

　さらに、老子は次のように述べます。

「上仁《じょうじん》はこれを為《な》して、而《しか》して以て為すとする無し。上義《じょうぎ》はこれを為して、而《しか》して以て為すとする有り。上礼《じょうれい》はこれを為して、而してこれに応ずる莫《な》ければ、則《すなわ》ち臂《うで》を攘《はら》ってこれを扔《ひ》（引）く」（第三十八章）。

「仁」はもともと孔子の説いた道徳です。孔子の唱えた「仁」は真心に根ざした愛情を意味し、教育を受けることによってより洗練されるとされています。これに対し、老子は道を体得した人の自然の振る舞いに、真の仁者のあり方を見いだしています。

　老子は、このような道を体得した人の理想的な仁のあり方を、世間でいわれている「仁」に対して「上仁」と呼び、この「上仁」を身につけたような人を真の仁者としたのです。

「義」とは、孟子によって強調された儒家の徳目です。人の歩むべき道、すなわち正義を意味しています。しかし、老子のいう「義」とは真実の道を成文化したものであって、世の中の混乱を招く元凶となるものです。

「上義」とは「義」に生きる人の最上のものという意味ですが、これは「義」の思想の限界を示唆しています。「義」を重んじることは大切ですが、それにこだわっている限り、真実の道には到達しないと老子は考えたのです。

「礼」とは、儒家が重んじた人間関係のあり方から、冠婚葬祭、国家の経営に及ぶ広義の社会規範をいいます。しかし、老子において「礼」にとらわれた言動は、真の人としての生き方を形骸化し、世の中の争いの元凶となります。「上礼」についての記述は「礼」の実践を志す人の特質と限界をよく示唆しています。

「上仁」の人は、人目につくような働きをしますが、ただ自然に湧いてくる仁愛の心を行うだけなので、周りの人に自然に受け入れられます。

「上義」の人、すなわち正義を基準として行動する人は、世のため人のためというように、自分の立場や面子《めんつ》を考えて目につくような言動をします。必ずしも自然に湧いてくる意思で行動するわけではないので、堅苦しく不自然さが残っています。

「上礼」の人、すなわち礼儀を大切にしている人は、常に形式を重んじます。その言動は押しつけがましく、相手が礼儀にかなった言動をしないと力ずくでも実践させようと返礼を求めます。このことによって自他の感情を害し、かえって人間関係を損なうことがあります。

仁、礼、義は人間社会において不可欠なものです。老子はそれをなくしてしまえといっているのではありません。「真実の道」の立場に立ち返って、あらためて慣習的な儀礼や因襲的な正義（義）の意味するところを考え、自然体で実践していくことを提案しているのです。

老子の人物評価の基準を知ることによって、彼の価値観が「真実の道」のみを基準とするものではなく、その道に従った行為が現実の社会に自然に受け入れられているか否かが重要であったことがわかります。

5．人によって異なる「道」の体得

問い　老子の唱える「真実の道」とは誰もが体得できるものなのですか。

「道」を自覚するか否かは一人一人の徳性による

真実の道は五官を超えた存在です。学問を積んだからといって誰もが獲得することのできるものではありません。徳は体験によって積み上げていくことができますが、人によっては「真実の道」と縁のない人もいるでしょう。つまり、「真実の道」に対してどのようにかかわるかということは、本人の特性（徳性）によるのです。

老子は次のように述べています。

「上士《じょうし》は道を聞けば、勤《つと》めてこれを行なう。中士《ちゅうし》は道を聞けば、存《あ》るが若《ごと》く亡《な》きが若し。下士《かし》は道を聞けば、大いにこれを笑う。笑われざれば、以て道と為《な》すに足らず」（第四十章）。

「上士」とは、知徳に優れた人。「中士」とは、ほどほどに知徳を身につけた人。「下士」とは、はなはだ知徳の低い人です。

「上士」が「道」のことを聞かされると、力を尽くしてそれを実行しようとします。実行していくうちに道の妙味を味わい、やがて道を体得して人生の達人の域に達することができます。

「中士」が「道」のことを聞かされると、「道」そのものの存在の有無を疑い、半信半疑となり、実行することを躊躇します。そして結局、道の世界に入っていくことができないのです。

「下士」が「道」のことを聞かされると、馬鹿にして大笑いします。そのような人は道とは縁のない人たちです。老子は「このような輩に笑われるようでないと、道というだけの価値がない」と自負しています。

このことばの大切な点は、その人の生まれつきの徳性によって、真実の道との和し方に温度差があるとしているところです。「真実の道」はすべての人に自覚されなければならず、また自覚される可能性もあるのです。

しかし、老子は実社会で生活する人びとを観察し、自覚される可能性はあるが自覚することのできない人がいるという現実を前提として「道」を説きました。つまり、「道」を自覚するか否かは私たち一人一人の徳性によるといわざるを得ないという現実を踏まえて立論しているわけです。

ここに理想主義や神秘主義に陥ることなく、現実主義を貫いた老子の立場がありま す。

二――心の動きを見据える

1．無欲について

問い　誰でも「欲によって心が葛藤する」ことがありますが、これについて老子はどのように考えているのですか。

たとえば、老子は「**常に無欲にして以《もっ》て其《そ》の妙を観《み》る**」と述べています（第一章）。

「妙」とは真実の道の絶妙な働きを意味しています。つまり、人は日々無欲であろうとするならば、やがて目先の評価にとらわれることなく、物事の真実の姿を見るようになり、その奥にある「道」の働きの存在に気づくはずだというのです。

日常の生活で懐く「私の」とか「自分だけは」という虚栄心や自負心から解放されると、物事に対するこだわりがなくなり、限りない安心の境地が開け、身の回りに「和」が実現するというわけです。

『老子』ではその全体を通して、この「妙」なる道の働きを説いています。

問い　そうはいっても無欲なんて、そもそも無理な話ではないですか。

老子は欲望を禁止せよといっているのではありません。私たちは自由になりたいと考え、欲望のままに行動することができるならば、それが自由であると考えるのではありませんか。しかし、それは本当に自由な状態なのでしょうか？

欲望とは限りなく大きくなっていくものです。放っておけば次から次へと拡大していって、終《つい》にはそのとりことなり、ものすごく大きな不自由の世界に落ち込んでしまいます。欲望のままに行動していくと、人は無理をし不自然になり、不自由を味わうのです。

無理をするのは不自由なことでしょう。目先の欲望にとらわれている限り、私たちは真の自由の世界に入ることはできません。そこで老子は「常に無欲にして以て其の妙を観る」といったのです。

2. 欲望について

問い　では、欲望に従って行動することはまったく意味がないことなのですか。

「無欲」と「有欲」を和していく

老子は、前述のことばに続いて**「常に有欲《ゆうよく》にして以《もっ》て其の徼《きょう》を観《み》る」**といいます（第一章）。

「有欲」とは、目的を持って物事に取り組む意思のこと。「徼」とは、物事の末のこと。不断に生滅を繰り返し、五官によって確認できる現象世界を意味します。

私たちは見たい、聴きたいという欲求を大切にしなければなりません。その欲求に従って関心を広め、理解を深め、人としても成長することができます。だから老子は「日々の生活を通して自分の意思で物事を成し遂げることによって、現実の世界の出来事に精通し、物事の帰着するところを見据えることができる」というのです。つまり、しっかりと現実を見つめるためには「有欲」でなければならないのです。

しかし、欲求が高じて欲望のままに生活するようになると、先に触れたように物事の差別や対立に満ちた現実のどろどろとした世界に入り込んでしまいます。すると、私たちの身の回りに起こるすべてのことは、「真実の道」を自覚するための経験であると同時に、ますますその道から離れてしまうきっかけともなるわけです。

無欲であることによって「真実の道」の働きに目覚め、有欲であることによって、その目覚めを現実に活かすことができます。このような意味で、無欲と有欲とは、一人の人の中において和していかなければならないのです。

3. 分かっていても実践できないもどかしさ

問い　老子のことばは、「いわれてみればもっともだ」とうなずいてしまうものばかりですが、競争社会の中で、その教えを実践することは難しく感じられます。それに従うと何かしら後れをとってしまうのではないかと不安に陥ったり、そもそも時代遅れなのではないかという疑問を持ってしまいます。

「真実の道」への自覚を促すことば

「もっともだ」とうなずいても実践に移せないことは誰にもあります。老子は洗練された短いことばを連ねて、私たちに日頃の体験を通して「真実の道」についての自覚を促そうとしています。それらのことばをいくつか抜き出してみましょう。

「曲《きょく》なれば則《すなわ》ち全《まった》し」（第二十三章）。

「曲」とは、曲がっていることや、できの悪いものなどハンディキャップを抱えるもののこと。「全」とは、天寿を全うすること。先にも述べたように、天寿を全うすることは老子にとっては最高の価値ある生き方です。

曲がりくねった樹木は役に立ちません。しかし、それが理由で伐採されず、かえってその命を全うし、大木となるのです。しかし私たちは、大きな業績を挙げたいとか、そのことによってお役に立ちたいと考えて無理をしたり、自分の分を超えた働きをして、かえって一番大切な健康を害し、時には命を落とすこともあります。

「枉《ま》がれば則《すなわ》ち直《なお》し」（第二十三章）。

尺とり虫のように身をかがめることによって、まっすぐ伸び、前進することができるのです。何事にもじっと耐え忍ぶ時期が必要であり、それがさらに前進していくことへの活力を高めることに通じていくのです。

「窪《くぼ》めば則《すなわ》ち盈《み》つ」（第二十三章）。

窪んだところとは、人でいうならば欠点や短所です。窪んだところには水が貯まり、やがて湖となり水源として尊ばれるようになります。同様に、欠点や短所を嘆くのではなく、それを自覚してへりくだり低い姿勢を保っていくならば、人の力を借りることもでき、努力しようという気概も生まれてきます。人もへりくだって低くなっていれば、自然に人望が集まるのです。

「敝《やぶ》るれば則《すなわ》ち新たなり」（第二十三章）。

「敝る」とは、破れる、疲れるという意味です。秋になり葉が落ちても、やがて春になると新芽が芽吹くように、道の働きは無限に循環しています。物事も同じことで、廃れてくると、やがて新しい生命がよみがえってきます。また、疲れて十分に休養をとることによって、新たにやる気が湧いてくるものです。新たなものが生まれることは、人生において、この上ない喜びです。

「少なければ則《すなわ》ち得られ、多ければ則ち惑《まど》う」（第二十二章）。

少しのものならば確実に手に入れることができ、ものが多ければ、あれこれと迷ってしまいます。私たちはしばしば、できるだけ多くのものを手に入れたいと考え、あれもこれもと迷い、結局、何も手に入れることができなくなってしまいます。しかし人生の達人は、確実に成功し、入手できることに力を尽くすのです。

「自ら見《あら》わさず、故に明らかか」（第二十二章）。

「自ら見わさず」とは、自画自賛しないことです。自分で自分の才能を見せびらかそうとしないと、かえってその才能が周りからはっきりと認められるのです。自分の才能を誇ると、相手の自尊心を傷つけることもあり、かえって反発を受けてしまいます。

それでは、せっかくの才能や努力も台無しです。

「自ら是《よし》とせず、故に彰《あら》わる」（第二十三章）。

「自ら是とせず」とは、自分の正統なことをことさらに吹聴しないことです。自分で自分のやっていることの正しさや意義をことさらに明言する必要はないのです。ひたすら正しいと思うことを行えば、かえって周りの人によってその行為が認められて、正しさが十分に評価されることになります。

「自ら伐《ほこ》らず、故に功《こう》有り」（第二十三章）。

自分の手柄を鼻にかけて自慢しないほうが多くの人の協力を得ることができ、かえって業績も上がり、功績として認められます。尊大に構えていると、不評を買い、協力を得ることができず、努力が報われることはありません。

「自ら矜《ほこ》らず、故に長《ひさ》し」（第二十三章）。

自分の才能を自負して尊大に構えないこと。そうすれば、人の心を動揺させることもなく、第一に自分自身にとって無理がないので、かえっていつまでも存在が認められ、長続きするのです。

以上、短いことばですが、どれも的を射た箴言《しんげん》です。これらのことばの背後には徹底した「不争」、すなわち争わないという「和」を求める平穏な人生観が流れています。

万物は循環し、必ず元に帰っていく

最後に、この一段のまとめとして、老子は次のように述べています。

「夫《そ》れ惟《た》だ争わず、故に天下も能《よ》くこれと争う莫《な》し。古《いにし》えの謂《い》わゆる曲なれば則《すなわ》ち全《まった》しとは、豈《あ》に虚言《きょげん》ならんや。誠《まこと》に全くしてこれを帰《かえ》す」

（第二十三章）。

「帰す」とは、万物はすべて道に従って循環し、すべてのものが必ず元に帰っていくということ。言いかえれば、天寿を全うすることです。

人生の達人は、そもそも自分を立てて人と争うということをしません。そうなれば、その人と争う人は誰もいなくなるはずです。争いの元は自分自身の競争心とか、虚栄心にあるのです。人の感情を逆《さか》なでするような言動は人を傷つけるだけでなく、自らの人生に大きな傷を残すことになります。

このことから考えると、古人のいわゆる「曲なれば則ち全し」ということばは、何事にも当てはめることができる名言です。それでこそ、天寿を全うして、生まれ出てきた源にその身を返すことができるのです。

私たちの心の動きを実によく洞察した人のことばであるとは思いませんか？

4．急がば回れ——競争心との和

問い　無理をしないで自然体で過ごすという意味が少し分かってきました。しかし、どうしてもライバル意識とか競争心は抜けません。

真の評価は業績よりも人物のいかんによって決まる

では、このことについてもう少し老子の言葉に耳を傾けてみましょう。

競争心とか、ライバル意識といったものは、本人が成長していく上で不可欠です。しかし、勝ちを急いだり、早く結果を出そうとして無理をすると、かえって良い結果を出すことができなくなってしまいます。

そこで老子は**「企《つまだ》つ者《もの》は立たず、跨《また》ぐ者は行かず」**といいます（第二十二章）。「企つ者」とは、かかとを上げて爪先立ち、自分を大きく見せようとする人。「跨ぐ者」とは、大股で急いで歩いて、人よりも早く行こうとする人を表しています。

私たちは、自分の力を過信したり、優越感を味わうために、知らず知らずのうちに無理なことや無駄なことをしてしまうものです。しかし、爪先で背伸びをして立っている人は、長く立ち続けることはできません。大股で急いで歩いている人は、歩き疲れてかえって遅れてしまい、目的地まで到達できません。

実力以上に背伸びをしたり、虚勢を張っていると、心身ともに疲れ果ててしまい、結局良いことは何もないと老子はいっています。もっともだと思いませんか？

次に、自分自身を誇示することを戒めたことばが続きます。

「自《みずか》ら見《あら》わす者は明らかならず、自ら是《よし》とする者は彰《あら》われず」（第二十二章）。

「自ら見わす者」とは、自分で自分を売り込もうとして、才能などをひけらかす人。「自ら是とする者」とは、人の評価や賛意を得るために、自分の正しいことをことさらに強調する人をいいます。

自分で自分の才能や特技を誇示しようとする人は、かえってその才能が認められず、墓穴《ぼけつ》を掘ることにもなりかねません。人から認められたいならば、ひたすら自分の才能や特技を磨くことのみに尽力すればいいのです。そうすれば、相手の人の反抗心や競争心をあおることもなく、等身大のままの自分が認められるようになります。

また自分で自分の言動が正しいことを他人に吹聴する人は、かえってその正しさが十分に伝わらず、軽視されたり、馬鹿にされたりするものです。人から評価されたいと望むならば、謙虚にひたすら信じる道を歩めばいいのです。

「自ら伐《ほこ》る者は功なく、自ら矜《ほこ》る者は長《ひさ》しからず」（第二十二章）。

「自ら伐る者」とは、自分の功績を人に誇る人。「自ら矜る者」とは、自分の才能が人よりも勝っていることを自負し、尊大な態度をとる人をいいます。

自分の手柄を鼻にかけて自慢する人は反感を買い、その功績が十分に認められることはなく、何事も成功しません。手柄や功績は人が認めるものであって、自ら自慢したり、誇ったりするものではないのです。

また自分の才能を自負し、それを人に誇って尊大に構える人は何事も長続きせず、やがて無視されるようになり、いつの間にか消えてしまいます。そういう人は自分と相手を差別し、相手の気持ちや立場を無視しているのです。そのため、せっかくの才能が認められないばかりか、疎んぜられ、人が去っていくのも当然です。

これらは道に反した不自然な言動であると老子はいい、次のように述べます。

「其の道に在《お》けるや、余食贅行《よしょくぜいこう》と曰《い》う。物或《あ》るいはこれを悪《にく》む。故に有《ゆう》道者《どうしゃ》は処《お》らず」（第二十二章）。

「余食贅行」とは、食べ残しとよけいな振る舞いのこと。無駄でよけいなもの、不要なもののたとえです。つまり、爪先立って自分を大きく見せたり、大股で歩いて人に先んじたり、自ら手柄や才能を自画自賛したりすることは、「道」の立場からすると食べ残しの料理やおせっかいな言動のように有害で無益なものであり、道を求める人の最も嫌悪することなのです。

では、道を体得した人はどうするかというと、「**聖人は、為《な》すも而《しか》も恃《たの》まず、功《こう》成るも而も処《お》らず。其《そ》れ賢《けん》を見《あら》わすを欲せず**」とあります（第七十七章）。

功績を挙げ、仕事を成就させると、ついその栄光の座に安住したくなるものです。しかし、業績に対する評価はそれを成し遂げた人物の人となりによって確定するものです。真の指導者は大きな仕事を成就させても、その功績に頼ることはなく、立派な成果が挙がっても、その栄光に居座ることがありません。さらに自分の優れていることを人の前で誇示することを好みません。だからこそ、その栄光が語り継がれるのです。

努力の結果、認められた業績や評価とどのように和していけばいいのか、これはしっかりと考えたい課題です。

5. 和を実現するための条件――不和は自らが招く

問い　いろいろな不和の原因を考えてみると、ちょっとした心の緩みによるものだと思うのですが、いかがですか。

繊細な配慮、謙虚な姿勢、そして地道な努力

確かに、日ごろ忙しく心や体を駆使していると、物事のかすかな変化に気づかないために時すでに遅しという結果になり、とんでもない不和を招くことがあります。また、不用意な発言や行動が誤解されて窮地に陥ってしまうこともあります。それもまた日常に頻発する不和です。

これについて老子は次のように述べています。

「小《しょう》を見るを明《めい》と曰《い》い、柔《じゅう》を守るを強《きょう》と曰う。其の光を用いて、其の明《めい》に復帰《ふっき》すれば、身の殃《わざわい》を遺《のこ》す無し」（第五十二章）。

小さな変化も見落とすことのない感覚を持っている人を明智の人といい、心身を柔らかく保ち、無理をせず、人と対立することのないように心がける人を本当の強い人というのです。そして、万物の真の姿を照らし出す知恵の光を懐きながら、それを外に出すことなく自らの心の内を照らすことに用いたならば、災いが身にふりかかることはないのです。

和を実現するためには繊細な配慮と柔軟な発想、そして何よりも謙虚な姿勢が不可欠だということでしょう。

さらに老子は、不和な心境は往々にして自ら蒔《ま》いた種によるとして、こう述べます。**「大道は甚《はなは》だ夷《たい》（平）らかなるも、而《しか》も民は径《こみち》を好む」**（第五十三章）。「径」とは、脇道のことです。大きな真実の道はとても平坦で誰でも安心して歩くことができますが、人びとは小賢しい知恵のために、勝手に脇道にそれて困難に遭遇し、不和を味わっているというのです。

また、物事の失敗は早急に結果を求めたためであるとして、**「善《よ》く建てたるは抜けず、善く抱《いだ》けるは脱《だっ》せず」**といいます（第五十四章）。しっかりと自然の道理にかなって建てられたものは、深く根を下ろした大樹のように引き抜くことができません。長い時間をかけて自然に抱え込まれたものは決して抜け落ちることはありません。このように、時間をかけて無理なく道を体得した人は、外からの誘惑によって心が揺らぐことはないのです。

和を実現するためには繊細な気配りに加えて、何事も時間をかけ、無理なく物事を実現していく努力が不可欠だということです。

老子は、このような地道な努力は大きな効果を期待できるとして、次のように述べています。

「これを身《み》に修《おさ》むれば、其の徳は乃《すなわ》ち真なり。これを家に修むれば、その徳は乃ち余りあり。これを郷《きょう》に修むれば、其の徳は乃ち長し。これを邦《くに》に修むれば、其の徳は乃ち豊かなり。これを天下に修むれば、其の徳は乃ち普《あまね》し」（第五十四章）。

謙虚に気長に努力するというやり方をもって個人の身を修めるならば、その功徳は本物となり、一家について治めていくならばその功徳はあり余るほど大きなものとなり、地域全体を治めていくならば、その功徳は長く讃えられ、国について治めていくならば、その功徳は真に豊かなものとなり、天下について治めていくならば、その功徳はさらに広く行き渡ることになるのです。

このように老子が説いた真実の道とは、個人から天下まで限りなく和を拡大していく可能性を持っているものです。

6．自分中心の言動に走る無神経さ——人間関係における不和の原因

問い　人間関係を乱す一番の原因は身勝手な言動にあると思いますが、いかがですか。

人間関係を不和に導かないための四つの警告

自分勝手な行動で最も嫌われるのは、自分の考えでむやみに人を評価し、それを本人に知らせる無神経さでしょう。間違いなくこれは人間関係を不和に導く最大の原因です。

これについて、老子は真実の道を体得した聖人を引き合いに出し、四つの警告をしています。

「方《ほう》なるも而《しか》も割《さ》かず、
廉《れん》なるも而も劌《そこな》（傷）わず、
直《ちょく》なるも而も肆《の》びず、
光あるも而も燿《かがや》かさず」（第五十八章）

（一）　真の指導者は常に正しい姿勢を大切にしていますが、かといって、その正しさによって人を裁いたりはしません。「真実の道」は他人を評価するための基準ではありません。

（二）　真の指導者は整然とし、何事にも折り目正しいのですが、それを人に求めたり、そのことによって人を評価したりはしません。真実の道に倣《なら》うのは、それによって自ら人生を真に豊かなものとするためであって、人に押し付けたり、自分を卑下したりして傷を付け合うものではないのです。

（三）　真の指導者はまっすぐで正直なことを信条として生活しています。しかし、それを尺度として、すべての物事に押し当てて、物事の良し悪しを判断し、人を評価することは絶対にありません。

（四）　真の指導者は、あらゆる領域に通じるほどの知識の輝きを持っていても、それは自分の心の内を照らすものであって、人目を引くようにひけらかしたりはしません。

以上のように、老子は人間関係が不和になる四つの原因を示唆しています。思い当たるフシはありませんか？　このように自らの態度を省みることが周りとの和を実現する第一歩だと老子はいっています。

私たちは、自分が正しいと思っていることは、人もまた正しいと思っているに違いないと考えがちです。折り目正しく、正直であるということは誰もが大切にしていることであると思い込んでしまいます。また情報や知識を得ると、つい人に教えたくなります。それを人が望んでいると考えてしまうのです。しかし、必ずしもそうとはいえません。

この老子のことばは、「方」（方正）、「廉」（廉潔）、「直」（正直）、「光」（知識）そのものをなくせといっているのではありません。私たちは熱心なあまり、場所や相手の立場を考慮せずに、それを人に勧めたり、時には人を評する基準としてしまうことがあります。この自分中心の思考や言動が和を乱す元凶であると指摘し、それをなくすように教えているのです。

三――乱れる心を鎮める

1．自分自身への五つの問いかけ――和を実現するために

問い　自然の道に倣い、心の和を保持することはかなりの難題のようです。その難題に対処するヒントはありませんか。

成果を独り占めせず、栄光に安住しない

これについて老子は、以下に挙げるような五つの問いかけをしています。

「営《まど》（熒）える魄《うつしみ》を載《やす》（安）んじ、一《いっ》を抱きて、能《よ》く離るること無からんか」（第十章）。

「営」とは、肉体のこと、「魄」とは、精神のことです。つまり、「迷える肉体を落ち着け、精神を鎮めて無私無欲となり、真実の道をしっかりと守って、その状態を保つことができるでしょうか」と問いかけています。

もしそのようになれば、平穏で無心に日々の生活を営んでいくことができ、道を体得した人生の達人ということができるというのです。

「気を専《もっぱ》らにし柔を致《いた》して、能《よ》く嬰児《えいじ》ならんか」（第十章）。

「嬰児」とは、赤子のこと。老子の理想とする生き方のモデルです。つまり、「気力を充実させ、心身を柔軟に保ち、ちょうど赤子のように無理なく純粋に物事に対応することができるでしょうか」と問うているのです。

赤子の生き方には作為がなく、のびのびと自然体です。これは人間の本来の生き方であり、誰もがかつて経験したことなのです。

「玄覧《げんらん》（鑑）を滌除《てきじょ》して、能《よ》く疵《し》無からんか」（第十章）。

「玄」とは、老子の説く道の実体を表現したことば。幽遠であり、人知を超えた深みを表しています。「玄覧」とは心のこと。人知を超えた幽玄な道を見通すことができる心、あるいは道を映し出す心の清澄さのたとえです。これは「幽玄な道の実体を映すことのできる心の鏡を洗い清めて、一点の曇りもないような心境でいることができるでしょうか」と問いかけています。

人は本来「道」を認識する力を持っていたのですが、文化の進歩とともに、その力が影を潜めてしまったのです。それゆえ老子は、私欲に振り回されることなく、虚栄心や功名心を去り、本来の力を取り戻すことによって、自然体で時代の動向に沿った生き方ができるはずだと考えたのです。

「民《たみ》を愛し国を治めて、能《よ》く以て知らるること無からんか。（中略）**明白《めいはく》四達《したつ》して、能く以て為《な》すこと無からんか」**（第十章）。

「明白四達」とは、天地自然の道理についても、周囲の情勢についても、よく精通していることを意味します。

ここで老子は、「人々を大切にし、周りの人の世話をし、治める」といった大きな功績を挙げながら、「それでいて人に知られないで、ひっそりとしていることができるでしょうか。隅から隅まですべて事情に精通していながら、口出ししないでいることができるでしょうか」と問いかけています。

誰しも功績を挙げると、注目され、賞賛されることを願います。しかし真の指導者は、道に従って自然に振る舞って功績を挙げたのですから、決して自分の力で功を収めたとは考えないのです。

また、私たちは自分の経験を踏まえて、つい人に口出しをし、干渉してしまうことがあります。しかし、それでは自分自身の高慢さが助長され、何よりも人びとのやる気をそいでしまうことになりかねません。真の指導者は、気長に温かく見守ることが大切だというのです。

これらの老子の問いかけをまとめると、真実の道に倣う人とは次のような人物として描くことができます。

「これを生《しょう》じこれを蓄《やしな》い、生ずるも而《しか》も有《ゆう》とせず、為《な》すも而も恃《たの》まず、長たるも而も宰《さい》たらず」（第十章）。

大自然は万物を生み出して、それを養い育てています。しかし、自分のものとはしませんし、大きな仕事を成し遂げても、その成果を独り占めしません。真の指導者も同様で、功績が認められ栄光の地位が与えられても、それにすがることなく、いつまでもその地位に安住しようとはしません。ましてや人の上に立って支配しようとはしないのです。

人間関係の「和」を実現するには、常にこのように自分自身への問いかけを行い、自らの心の「和」を保持することが不可欠です。

2. 孤独の中で人は成長する——劣等意識との和

問い　孤独感や自責の念なども心の和を乱す一因だと思います。これについて老子は何か説いていますか。

焦り、落ち込むのは人間の自然の姿

老子を読んでいると「ほっ」とすることばがあります。自信を失ってしまった人を優しく抱擁するような、ちょうど母親の持っている力強い優しさを説いた一段がある

のです。それが第二十章です。ここで老子は、人間が誰しも感じているであろう孤独感や劣等感、さらに自己嫌悪感について、それらがむしろ人間らしい心境であると述べています。順番に見ていきましょう。

「衆人は熙熙《きき》として、太牢《たいろう》を享《う》くるが如《ごと》く、春に台《うてな》に登《のぼ》るが如し。我れは独《ひと》り泊《はく》として其《そ》れ未だ兆《きざ》さず、嬰児《えいじ》の未だ孩《わら》（咳）わざるが如し」

（第二十章）。

「熙熙」とは、喜び楽しむ様子。「太牢」とは、最高のご馳走。「泊」とは、ひっそりと鎮まりかえって静かな様子を意味しています。

「多くの人は、ご馳走を受けてうきうきとし、春の日、高台に登っているかのように楽しげです。それなのに私だけは、まるでまだ笑うこともできない嬰児のように、たった一人でひっそりとして、鎮まりかえってじっとしています」というのです。

このように周りの人が輝いて見えてしかたがない時が誰にでもあるでしょう。そんな時には、周りに気をとらわれることなく、静かにしていることが人間の本来の姿だと老子はいいます。このような時を、じっと自分を見つめ、自らを知る絶好の機会とすればいいのです。孤立はよくありませんが、孤独の中で私たちは物事を考え、成長していくものです。

「衆人は皆余《あま》り有るに、而《しか》るに我れは独り遺《うしな》えるが若《ごと》し」（第二十章）。

「衆人」とは、周りの人びと。「遺える」とは、本来の自分を見失い、意気消沈することです。

多くの人は誰もがあり余るほど活力に満ちているのに、自分だけが鎮まりかえって本来の自分を見失い、気力もなく意気消沈し、孤立感にさいなまれています。しかし、他の人と比較する必要はありません。自分は自分なのです。「その自分をそのまま認め、受け入れてはどうでしょうか」と老子は耳元で囁きます。

「俗人は昭昭《しょうしょう》たり、我れは独り昏昏《こんこん》たり。俗人は察察《さっさつ》たり、我れは独り悶悶《もんもん》たり」（第二十章）。

「俗人」とは、一般の人。自分以外の人。「昏昏」とは、物事の道理に暗いこと。「察察」とは、聡明で物事に精通していること。「悶悶」とは、物事に精通できないで、もやもやしていることを意味しています。

周りの人は皆きらきらと輝いているのに、自分だけが独りぼんやりとしているように感じることがあります。これは周りの人の外見の明るさと自分の内面的な静かさを比較した時に味わう心境でしょう。そして同じように、周りの人は皆賢くて物事をはっきりと認識しているのに、自分だけが物事に精通しないで独りもやもやしている。これもつらい状態です。

しかし、そのぼんやりとした暗さや「もやもや」は、誰も同じように感じているものであって、最も人間らしい姿だと老子はいうのです。むしろ老子の立場からすると、その焦りや落ち込みが人間として生きている証しであり、私たちの最も自然な姿であって、人として成長するきっかけになるのです。

「衆人は皆以《もち》うる有り、而《しか》るに我れは独り頑《がん》にして鄙《ひ》なり」（第二十章）。

「頑」とは、頑迷固陋《ころう》。融通がきかず、かたくななこと。「鄙」とは、田舎者のように純朴で飾り気のないことです。

多くの人は誰もがそれぞれ役割を与えられて生き生きとしているのに、自分だけがかたくなで融通のきかない飾りけのない能なしのように思えてならない……。

何とも不安な心境を吐露しています。これも誰もが多かれ少なかれそのように思っていることでしょう。しかし、人は人。自然体で過ごすことが最良の生き方である、と老子はいうのです。

文中に「我れ」とあることに注目してください。これは老子の独白として味読することができます。

以上の老子のことばは、自分の人生を放棄してしまわない限り、誰もが味わい、葛藤を繰り返していることです。だから、自己嫌悪に陥ったり、悲観したりすることはありません。ましてや自分を卑下することなどまったく不要であると老子は教えています。そして、どうしようもない孤独感や不安感と和していくことを勧めているのです。

弱さを受け入れ、弱さとともに生きる

これらのことばを、私は次のように解釈しています。たとえば四月の初め、学生た

ちは今年こそはと思いを新たに登校してきます。彼らはそれぞれが新年度を迎えて生き生きとしています。しかし、時が過ぎて秋となると、所期の目的を達成できそうもないという不安に駆られ、結果として進級できない学生も出てきます。

努力したけれどもだめだったというならば、「努力した」ということで人も認めてくれ、自分も結果に対して納得します。しかし、「努力した」と言いきることのできる人は稀です。そこで大抵の人は「努力しなかったから結果を出すことができなかった」と考え、自分のふがいなさを嘆き、大きな不安に陥ってしまうのです。

このような「自分ではどうすることもできない不安」でいっぱいな人に対して、老子は「それが人間らしい生き方だ」と、しっかりと受け止めてくれるのです。そこには、結果はどうあれ、努力のしかたがどうあれ、「頑張ったね」と受け止めてくれる母親のような優しさがあります。

老子は、私たちが常に味わいつつある自分自身への厳しい目をもっと優しくしなさい、と教えます。そのことによってもう一段人として成長することができるというのです。本来の自分を出せなくても、自分を責めることはありませんよ、といっているのです。

では、そんな時、人はどのような自負を懐いたらいいのでしょうか。

老子はこの一段を**「我れは独り人に異《こと》なり、而《しか》して母に食《やしな》（養）わるるを貴《たっと》ぶ」**ということばで結んでいます（第二十章）。

「母に養われる」とは、母なる自然に懐かれ、自然体で、与えられた生命を大切にすることです。これは、「私一人、他の人とは違っているようですが、母に懐かれ、私なりに懸命に自然体で生きていたいのです」という意味です。

不安や劣等感、自己嫌悪などは人として誰もが常に懐くものであり、生きている限り、払拭できるものではありません。無論、高い志と勇気を持って克服するように努力するのですが、人はそれほど強くはありません。

老子は劣等意識や自己嫌悪に陥りがちな人の弱さに注目し、それは誰もが感じていることであり、その弱さをそのまま受け入れ、ともに生きていってはどうですかというのです。そして、そのように生きるためには母なる大自然に養われつつ生かされているという自覚が大切であるとしています。

孤立することは避けなければなりませんが、孤独の中に身を置き、不安と共生し、自らの成長を志す意思こそ、若い時代に身につけるべき人としての実力であると思います。現代の若者が『老子』に関心を寄せるのは、このように人間の弱さを全面的に受け入れてくれるからであり、その上で人としての限りなき成長に期待を寄せているからであると考えられます。

四——心の豊かさを得るために

1．常に「満ち足りているという満足感」を味わう

問い　自分自身の心の不和は、結局、何に起因するのでしょうか。

不和の原因は度を越した欲望にある

それは度を越した欲望（私心）にあると老子は明言しています。つまり不和の原因

は、自らが作り出したものであるというのです。それが次のことばです。

「罪は欲《ほっ》すべきより大なるは莫《な》く、禍《わざわ》いは足《た》るを知らざるより大なるは莫く、咎《とが》は得《う》るを欲するより惨《いたま》しきは莫し」（第四十六章）。

欲望は人生を豊かにし、人としての成長を促します。しかし、それが他との競争になり、分を越えたものであるならば、人を傷つけ、人生を誤る罪悪となります。この意味で欲望を逞しくすることが、人にとって最大の不和の元凶です。

したがって、何事も満足することを知らないというのは最大の禍なのです。不足しているものを充足させるのは大切ですが、自分の欲望を充足させることは際限がなく、そのためにかえって大きな不自由な世界に引き込まれていきます。この意味において、物に執着し、貪欲に生きることが、最も痛ましい過失であると老子はいうのです。

物に執着することと物を大切にすることとは異なります。物を大切にする人は道に適っていますが、物に執着することは道に反しているのです。

これについて老子は**「足《た》るを知るの足るは、常に足る」**と戒めています（第四十六章）。

満ち足りているという満足を知る人は、いつでも満ち足りているのです。言いかえれば、満足することを知っている人は、常に満足を味わうことができるのです。

満足するか否かの基準を物の多寡《たか》に置く人は、際限のない欲望のとりことなります。しかし、その基準を心の穏やかさに置くならば、物事にとらわれることはなく、常に満足の心境で生活することができます。つまり、「常に足る」とは、常に心が和の状態にあると言いかえることができるでしょう。

2．自分を大切にする

問い　私は他人の評価や人の目が気になってしかたがないのですが、こういうことについて老子は何かいっていますか。

一喜一憂すれば心の和は失われる

そのようなことは年齢にかかわらず誰もが常々味わうものです。太古の時代にも、このような不安を懐く人はいたはずです。

老子は、そういった不安の生じる理由を次のように語っています。

「寵辱《ちょうじょく》には驚くが若し。大患《たいかん》を貴《たっと》ぶこと身の若《ごと》くなればなり。（中略）**寵を上《じょう》と為《な》し、辱《じょく》を下《げ》と為し、これを得るに驚くが若く、これを失うに驚くが若し」**（第十三章）。

「寵辱」とは、寵愛を受けることと屈辱を受けること。「大患」とは大きな心配事、あるいは自分の力ではどうすることもできない憂い事を意味しています。ここでは大病と解釈すると分かりやすいでしょう。

人からの評価にこだわって一喜一憂し、そのことばかり気にかけ、心の和を失ってしまうのは、ちょうど「大病」をわが身と同じように大切なものとしているようなものです。そして、寵愛を受けることを善いこととし、屈辱を味わうことを善くないことと考えてしまうと、寵愛を受けて名誉や財産を手にした人は、それを失うまいとしてびくびくし、屈辱を受けた人は、相手を見返そうとしてドキドキします。

つまり、私たちは寵愛を受けることができるかどうかと動揺し、屈辱を味わうかどうかと動揺し、それを心の中で増幅していくのです。

寵愛を受けることを合格、屈辱を受けることを不合格と置き換えてみてください。合格であればよく、不合格であればだめというものではないのです。これはともに周りの評価や結果にとらわれて心の和を失った人の生き方です。
そして、それはすべて自分が勝手に呼び込んだものであると老子はいいます。すなわちこういうことです。

「吾《わ》れに大患有る所以《ゆえん》の者は、吾れに身有るが為《た》めなり。吾れに身無きに及びては、吾れに何の患《わずら》い有らん」（第十三章）。

私たちが常々心配事を抱えているのは、自分の面子にとらわれ、自尊心があるからです。もしも、自分自身に対するとらわれをなくし、虚栄心や功名心を懐くことがなく、自然体で生活しているならば、どうして「大患」に悩むことなどあるでしょうか。

これは面子や自尊心のために心を苦しめることの不合理を説き、もっと自分を大切にしなさいという老子からのメッセージです。この老子のことばは、競争社会に身を置くことを余儀なくされ、日々不安を懐いて生活する私たちにとって一陣の涼風と感じられるのではないでしょうか。

そして、**「身を以《もっ》てするを天下を為《おさ》むるよりも貴べば、若《すなわ》ち天下を托《たく》すべし」**（第十三章）。

天下をいかに治めるかに腐心する人よりも、我が身のことを真に大切にする人のほうが、人間を幸福にする根本的な道（真実の道）を理解している人です。ゆえに、こういう人になら天下をまかせることができるのです。

さらに、**「身を以《もっ》てするを天下を為《おさ》むるよりも愛すれば、若《すなわ》ち天下を寄《よ》すべし」**（第十三章）。

我が身をいたわり心の平安な状態を大切にすることを、天下を治めることよりも優先する人は、人生の本末をわきまえている人です。ゆえに、このような人には天下をあずけることができるのです。

身を殺して仁をなすことは一見潔く、また非常時の行動としてやむを得ない場合がありますが。しかし、老子はあくまで心の和を保ち、生命を全うすることが、人としての最大の課題であるといっています。

3. 心の和を求めるヒント

問い　老子のことばには私たちの常識や先入観を真正面から否定するようなものが多いように感じられます。

逆説の論法にある老子の真骨頂

確かに老子のことばに接すると、反骨的な精神を感じ取り、世を儚《はかな》んだ隠者のような印象を懐きます。しかし、そのことばを吟味していくと、実に的を射た正論中の正論であることが分かるはずです。

たとえば**「人を知る者は智《ち》なり、自《みずか》ら知る者は明《めい》なり。人に勝つ者は力有り、自ら勝つ者は強し」**と老子は述べています（第三十三章）。

私たちは「知る」というと、外にあるものへの関心を中心に考えます。しかし、老子は他人のことがよく分かる人を智者として認めつつ、一方で、自分自身が物事に対してどれほどのことを知っているのか、また自分には何ができるのかと考えます。さらに、自分の感情の起伏をコントロールすることができる人は、真に聡明な人と称することができるというのです。

また、競って人に勝つことができるのは相手よりも力があるからですが、人に勝つ者が人間として強いかというと、必ずしもそうではありません。戦って勝ったとしても、際限なく湧き起こる欲望や怒りの心は残ります。心身の安泰を保つためには、これらの感情を制御する必要があります。そこで老子は、己に勝つことのできる人を真に強い人というのです。

このような逆説の論法は老子の得意とするところです。『老子』第三十三章には「和」を求めるためのヒントが短いことばによって示されています。老子からの自分への問いかけとして受け止めてみましょう。

「足るを知る者は富《と》む」(第三十三章)。

「富む」というと財産家とか資産家のイメージが付きまといますが、老子は真の「富む」とはどういうことかと問うています。

財産というほどのものもなく、衣食も質素でありながら、それでいて満足して生活のできる人は、人に誇ろうとする心がないので、人を羨むことがありません。このように分相応に満足することを知っている人こそ、真に豊かな人なのです。物が不足していて物を求めるのも、物が有り余っていてさらに物を求めるのも、ともに貪欲であり、貧しい人なのです。

「強《つと》めて行なう者は志《こころざし》有り」（第三十三章）。

どのような困難に出合っても、その志は人を慈しむ心をしっかりと懐いて、いかなる人をも愛し、弱者を助けるという心を持って、決して人とは争わないことが根本です。

そのような人こそ困難を乗り越えて事を成就することのできる人であり、道に志す人というのです。自然体で生きるためには、強い意志と長年にわたる努力の積み重ねが必要です。

「其の所を失わざる者は久し」（第三十三章）。

自分の置かれている立場や境遇を自覚し、道に志すという人としてのあり方を見失わなければ、自らの立場を維持し、事業を長続きさせることができます。つまり、無理をしないで等身大の生き方をするならば長続きするのですが、つい結果を急ぐと物事を中断するはめに陥ります。成功を収めることは大切ですが、継続することが先決なのです。

「死して而《しか》も亡《ほろ》びざる者は寿《いのちなが》し」（第三十三章）。

人は死ねばその仕事を継続することはできないのですが、それは物質的な仕事についての話です。老子の思想が二千年の時空を超えて今日まで伝わり、それが多くの人に影響を及ぼし、さらに後の人に受け継がれていつまでも滅びることがないように、心のあり方は永遠に継承されていきます。これが本当の長寿というものです。

「功《こう》成るも、而《しか》も名《な》を有《たも》たず」（第三十四章）。

真の指導者は、立派な仕事を成し遂げても、その功名を我がものとはしません。だからこそ真の指導者として評価されるのです。リーダーという立場の人は、人一倍努力し、常にメンバー全員のことを考えて行動します。しかし、目的を達成した暁に、その努力に見合う報酬を得ようとするならば、その瞬間に、今までの努力は水泡となって消えてしまいます。

「万物を愛養するも、而《しか》も主《しゅ》と為《な》らず」（第三十四章）。

真の指導者は人びとを大切にし、養いながら、その主人となろうとはしません。私たちはつい指導権を握りたくなるものです。しかし、それでは真の指導者とはいえません。指導者の地位とは、それまでの努力の結果与えられるものであって、自分から指導権を主張することは物事の本末を転倒させているのです。

4．常に自分の力量を考える――己の欲求に「克つ」

問い　力量（実力）や資産（経済力）は、運が味方してくれたとしても自分の力で獲得したものでしょう。それらを真に活かすためのヒントとなることばはありますか。

自分の力量に照らして活用する

老子は自分の持っているもの、才能や財産や地位などのすべてを真に活かしていく道を説いています。これについて、次のように述べています。

「人を治《おさ》め天に事《つか》うるは、嗇《しょく》に若《し》くは莫《な》し。夫《そ》れ唯《た》だ嗇、是《ここ》を以《もっ》て早く復す。早く復するは、これを重ねて徳を積むと謂《い》う。重ねて徳を積めば、則《すなわ》ち克《か》たざる無し」（第五十九章）。

「嗇」とは、節約し、慎ましく純朴に暮らすことです。「真実の道」に倣《なら》って人を治め天に事《つか》えるためには、たとえ力や物資が有り余ってもそれをすべて使いきってしまうようなことをせず、まるで物惜しみをしているかのように万事について無駄をしないようにして、常に適量を心がけることが大切です。

物を大切にして、物事の適量、適度を守っているならば、常に余裕を持って物事に対応することができますし、人材も物資も余裕のあるうちに回復することができ、早く回復するならば余力が増します。これを「徳を積む」といいます。そして、余力をさらに増やしていくならば、さらに大きなことを成就でき、ついに、すべてのものに打ち勝つことができるような真の力を得ることになるというのです。

個人の力量や所有する財産には限りがあります。体力ならば使いすぎれば疲れるでしょうし、物ならば貧窮していきます。また、使わなければ無駄となります。これらはともに不和な状態です。最も大切なことは所有する物との折り合い、すなわち和の実現なのです。

老子が提案する「嗇」すなわち「節約する」とは、出し惜しみすることではなく、自分の力量に照らして活用することです。そして、何より大切なことは、不断に余力を積み重ねていくことが「和」を保つための条件であるとしている点です。「克《か》つ」とは相手を打ち負かすことではなく、己の無駄な欲求に克ち、余力を蓄えることであり、それが結果として最後の勝利者となるというのです。

5．充足感を自覚する——名声、健康、財産との和

問い　名声、健康、財産は誰もが望むものですが、老子はこれらを手に入れることをどのように考えているのですか。

必要以上に手に入れても真の満足は得られない

老子は「名声」と「健康」と「財産」とを程よく手に入れることを理想としています。この三つの要素は人として生きていく上で誰もが望むことであり、すべてを完全に手に入れることは至難の業です。しかし、老子はこれらの軽重や本末の関係を示すことによって、私たちに三つとも手に入れるためのヒントを与えています。それが次のことばです。

「名と身と孰《いず》れか親《した》しき、身と貨と孰れか多《まさ》れる。得《う》ると亡《うしな》うと孰れか病《うれい》ある」（第四十四章）。

名誉を得ることと身体の健全なこととは、どちらが自分にとって切実な問題でしょうか。当然、身体の健全でしょう。しかし、つい名誉や名声にとらわれてしまうのが人情です。

では、身体の健全であることと多くの財貨を所有することとは、どちらが自分にとって大切なものでしょうか。当然、身体です。しかし、財貨に魅せられてしまうのが人情というものです。

それでは、名誉や財産を得ることと失うこととは、どちらが自分にとって害をもたらすでしょうか。当然、失うことです。私たちは名声と財産の双方をともに得て、しかもそれが持続することを求めます。

しかし、道にかなった生き方を知らなければ、たとえ名誉や財産を得ることができたとしても、すぐに消失してしまうのです。

このように、私たちは分かっていても、そのように行動できないのです。それが人間であるという前提のもと、老子は**「甚《はなは》だ愛《おし》（吝）めば必ず大いに費《つい》え」**と述べています（第四十四章）。

名誉や財産に執着し物惜しみをしていると、必ず健康を害し、大きな消耗をすることとなります。これは分かりきったことですが、私たちはつい物惜しみしてしまいます。ところが、真実の道に対する自覚ができると、「節約すること」と「物惜しみすること」との違いを知ることができるようになります。要するに、節約することは道に従うことであり、物惜しみは自分の欲望に従うことなのです。

これについては昔から次のようにいわれている、と老子はいいます。

「多く蔵《ぞう》すれば必ず厚く亡《うしな》う。足るを知れば辱《はずか》しめられず、止《とど》まるを知れば殆《あや》うからず」（第四十四章）。

名誉や財産を蓄えすぎると、必ず健康上、大きな損失を蒙《こうむ》ることになります。自分の欲望で物を収集するのと自然の結果として物が集まってくるのとはまったく異なるのです。真実の道を体得するならば、名誉、健康、財産のすべてを自然に得ることができるでしょう。

真の指導者は、必要以上のものを求めることなく、真の満足を得るための道を体得しています。したがって失敗することも辱めを受けることもなく、屈辱を受けてわが身を汚すようなこともありません。

また、道を体得した人は何事も適度なところでとどまることを知っているので、危険を招くこともなく、心身の安全を保っています。適度なとどまり場所を確定することは難しく、とどまるためにはさらに大きな勇気を必要としますが、道を体得した人はそれを知っているため安全なのです。

このようにして名声と健康と財産とをほどほどに獲得し、人生において「和」を実現する前提になるのが「足るを知る」、すなわちどのような情況下においても常に充足感を自覚するという考え方なのです。

第三章

よりよい社会を築く知恵

――もっと自然に

人間関係の和

社会は個人の自由を保障してくれるものであると同時に、個人の自由を拘束し抑圧します。世間体といったものが私たちの意識や行動を規定するのは日常のことです。形式化した道徳規範や因襲化した慣習あるいは儀礼など、社会は人間関係を介してしばしば個人の生活に干渉し、その自由を束縛します。

しかし、人間関係の不和ほど心苦しいものはありません。私たちは人とかかわることによって楽しみ、喜び、生きがいを感じ、人生の充実感を味わいます。一方、骨肉の争いとまではいかずとも、ちょっとした不用意な発言で人を傷つけ、また自分も不快を感じることもあります。そこで、私たちは社会生活において和を求めるのです。

また、私たちは競争して勝利を得るとか、便利な道具を手に入れてもっと効率の良い生活をしようとします。今の社会は競争と効率を基準として動いています。競争に勝つためによい成績をとろうとし、効率性を求めて新しい機器に買い換えようと考えたりもします。

でもちょっと立ち止まって考えてみてください。人と競って勝ったとしても、心の中は不安でいっぱいなのではないでしょうか。あるいは便利な道具を手に入れても、もっと便利なもの、もっと便利なものと際限なく欲しくなってしまうのではありませんか？　競争も効率も終わりのない渦に巻き込まれたようで、切りがありません。また、友達のちょっとした言葉によって心が沈んでしまったり、カッとして思わずキレそうになった経験はありませんか？　そんな時は、自分が持っている本来の優しさとか強さが影をひそめて、不本意な自分が出てしまいます。私たちは自分の本当の姿を見失い、自信をなくし、貧しい心の持ち主になってしまうのです。本当はもっと優しく、もっと強いはずなのに、周りの影響によって、本来持っている優しさとか強さを発揮できないことが多いのです。

このような欲望に振り回されることを戒め、自分らしさを取り戻すことを説いたのが老子です。努力するのに疲れ、自信を失いかけている人は、老子の言葉に耳を傾けることによって自分を取り戻すことができるでしょう。

私たちは、イライラする時は心が穏やかであることを求めますし、沈んでいる時は気持ちを溌剌《はつらつ》とさせたいと考えます。老子は、社会生活において人と和する秘訣は、まず自分（自我）をなくし、おのずから湧いてくる対抗心や競争心などの自我といかに和するかにあるといいます。

心の自然体を取り戻すには大変な努力が必要ですが、それを取り戻すためのヒントを老子は与えてくれるのです。

一――良好な対人関係を築くには

1．相手と真摯に向かい合う――誠実さと和

問い　前の章に「足るを知る」ことが心の豊かさに通じるという話が出てきました。これは物についてならば理解できますが、人とのかかわりとなると、どう理解すればいいのでしょうか。

大切なのは相手に対して誠意を尽くすこと

まず老子は、このことについて、自然界が示す無言の教えに耳を傾けようといい、

次のように述べています。

「希言《きげん》は自然なり。故に飄風《ひょうふう》は朝《あした》を終《お》えず、驟雨《しゅうう》は日を終えず。孰《た》れか此《こ》れを為《な》す者ぞ、天地なり。天地すら尚《な》お久しきこと能《あた》わず、而《しか》るを況《いわ》んや人に於《お》いてをや」（第二十四章）。

「希言」とは、稀なることばで、自然界の示す無言の教えを指します。つまり、自然は無言のうちに人生への取り組み方の原則を示唆しているのです。たとえば、どんなに騒がしい暴風でも半日と続くことはないでしょうし、にわか雨が一日中続くこともありません。そうしているのは何者かといえば、それは天地です。このように天地でさえも長く続けることができないのに、まして小さな人間が何かを永遠に続けることなどできるはずがありません。

天地はことばによって指図をしたり、ことさらに自説を強調することはありません。これと同じように、人間の間にあっても、相手が理解できるならば自然界が示唆しているように無言でもよいのです。人の力を過信することなく、自然界が無言のうちに示唆している盛衰、生滅という大いなる循環を自覚することによって、私たちは謙虚さを取り戻し、穏やかに生活することができるのです。

この老子の教えは、自然界の動きを通して「真実の道」を自覚できるといっているものと考えてもいいでしょう。このように謙虚さを取り戻した時、人々は新しい人間関係を築き上げ、足るを知る心をもって人と接することができるのです。

しかし、私たちの周りにはいろいろな人がいますが、誰一人として同じ人はいません。育った環境や今までの人生の中での出来事など、人はそれぞれの運命的な個性を懐いて生きています。ですから、老子はどのような人に対しても誠意を尽くして相手に合わせること、すなわち「和」を説くのです。

これは老子の次のことばにも明らかです。

「道に従事する者は、道に同《どう》じ、徳なる者は、徳に同じ。失《しつ》なる者は、失に同ず。道に同ずる者には、道も亦《ま》たこれを得るを楽しみ、徳に同ずる者には、徳も亦たこれを得るを楽しみ、失に同ずる者には、失も亦たこれを得るを楽しむ」（第二十四章）。

「同」とは同化し和していくこと、穏やかに相手と接するという意味です。つまり、道を体得した人は、道を志している人に出会えば、こちらも道をもって接します。そうすれば相手は同志を得たことを喜ぶのです。また徳を得ている人に対しては、そのあるがままを受け入れて、こちらも徳をもって接します。そうすれば、相手は同志を得たことを喜び、楽しい気分になれるのです。

さらに、「失なる者」とは真実の道を見失い、礼儀やマナーといった慣習にこだわっている人のことですが、そのような道を見失い、周りから浮いてしまっている人に対しては、正面から反対したり批判したりすることを避け、そのあるがままを受け入れて、こちらも同等の心をもって接すればいいのです。そうすれば、相手は同志を得た安心感を味わい、楽しい気分になれるのです。

進化した人間関係を築く

人は誰しも和を求め、心穏やかに生活したいと思っています。しかし、注意しなければならないのは、単に迎合するのではないということです。老子は続いて**「信**《しん》**足らざれば、焉**《すなわ》**ち信ぜられざること有り」**と述べています（第二十四章）。

「信」とは、誠実さをもって真摯に対応することです。周りの人と穏やかに生活していくためには、何よりも虚心に誠実に対応しなければなりません。もしも相手の機嫌をとったり、相手の意見に迎合するだけであったならば、相手は受け入れてくれないでしょう。その結果として必ず相手の心を傷つけ、自分も信用を失ってしまいます。虚心に、誠実の心をもってどのような人に対しても真摯に対応することが「和」を実現する上では大切なのです。この「誠実の心」を「足るを知る心」と置き換えると理解しやすいでしょう。

相手の程度に合わせるというと高慢になりますが、老子は「真実の道」に合わせることを説いています。「真実の道」の立場から見れば、人に上下、善悪はないのです。「信」すなわち誠意を尽くして相手に合わせることは、「真実の道」の立場に立つことによって初めて実現する進化した人間関係です。そして、そのような人間関係を築くためには誠意を尽くして、ただひたすら相手の安心を考えればよいというのです。

2. 徹底した穏やかさと感化力——人の和を実現するための心得

問い　老子のことばからは穏やかな人格者というイメージを懐くのですが、一方において世事に長けた老獪《ろうかい》な人物という印象がどうしてもとれません。どちらが本当の姿なのでしょうか。

老子の本質は徹底して穏やかな人物

老子には人生経験の豊かな老人のイメージがありますし、人の心の裏側を見通すような精悍《せいかん》なまなざしを持った人物という印象を懐かされます。また、確かに、老獪というふうなことばに見合う、次のようなことばも残しています。

「将《まさ》にこれを歙《ちぢ》めんと欲《ほっ》すれば、必ず固《しばら》（姑）くこれを張れ。将にこれを弱くせんと欲すれば、必ず固くこれを強くせよ」（第三十六章）。

もし相手を小さくしたいと思えば、しばらく広げさせていっぱいにまで大きくならせるに限ります。また、もし相手を弱くしたいと思えば、しばらく増長させて強くならせるに限ります。決して力をもって抑圧したり、悪意をもって貶《おとし》めようとしてはいけません。

これは「和」を求めるための窮余《きゅうよ》の策ですが、実に巧妙な策だと思いませんか？　あくまで道に従って争いを避けるのです。

さらに**「将《まさ》にこれを廃《はい》せんと欲すれば、必ず固《しばら》くこれを興《お》こせ。将にこれを奪わんと欲すれば、必ず固《しばら》くこれを与えよ」**（第三十六章）。

もし相手を退陣させ、衰弱させたいと思えばしばらく元気づけなさい。決して悪意をもって人を陥れるのではないのです。また、もし奪い取って我が物にしようと思えば、しばらくこちらから施しを与えなさい。権力や地位を利用して略奪したり、悪意をもって策を弄したりするのではないのです。

これこそが権力争いを避けるための道に従った策であり、自然に人や物が集まってくるための「真実の道」に適った方法であるというのです。

もしも老子がこのような行為を悪意をもって行ったとするならば、まさに老獪な人物といえそうです。しかし、そこに相手を陥れようという作為はまったくありません。老子はあくまで周りとの争いを避け、「和」を実現することを第一に考えたのです。それは老獪というよりも徹底して穏やかな人物というイメージです。老子の本質が後者にあることは疑いもありません。

問い　老子はどのような人にも対立することなく、穏やかに感化していく道を選ぶ人なのですか。

「感化すること」が道を伝承する唯一の方法である

『老子』に「柔弱《じゅうじゃく》は剛強《ごうきょう》に勝つ」（第三十六章）、「道は常に無為《むい》にして、而《しか》も為《な》さざるは無し」（第三十七章）という有名なことばがあります。

すでにお話ししたように（本書三九頁以下）、ここでいう「柔弱」とは水を指しています。水はどのような形にも適応していく柔軟さを持ちながら、岩石を砕き、押し流すほどの力を秘めています。このような水のあり方を物事に対する理想的な対処法とするのは老子の思想の特色です。

この水のように柔らかくて弱々しいものが、かえって硬くて強いものに勝つということは誰もが知っているのですが、私たちはつい「剛強」なものを求めてしまいます。また、「真実の道」の働きは、いつもことさらな仕業をしないのですが、それでいて、すべてのことを立派に成し遂げる力があります。人も真実の道に倣って生きていくならば、無理をせずに、平穏のうちに物事を成就できるのです。

それなのに私たちは、打算し、策略を練って行動してしまいます。では水に倣って世の中をリードするにはどうすればいいのでしょうか？

このことについて、老子は次のように述べています。

「化して作《おこ》らんと欲《ほっ》すれば、吾れ将にこれを鎮《しず》むるに無名《むめい》の樸《ぼく》を以てせんとす。（中略）**欲あらずして以て静かならば、天下将に自ら定まらんとす」**（第三十七章）。

つまり「血気盛んな人がいて、勝手なことをして頭角を現そうとすることがあれば、私は私自身の道に倣った素朴な生き方によって感化し、鎮めようと思います」といっています。

これはちょうど水滴が長い時間をかけて岩に穴を穿《うが》ち、やがて破壊し砂粒としてしまうように、眼前の一人をじっくりと感化することから始める大切さを説いています。眼前の一人を感化していくことによって、やがてすべての人が欲望にとらわれないで、穏やかで静かな心境を持つことができるようになる。そうなれば、天下もおのずから安定するというのです。

このように老子は、「感化すること」が道を伝承する唯一の方法であるとしています。非常に穏やかな心で道を行っているということができるでしょう。

二――老子の説く理想のリーダー像

問い　老子のいう「道」を体得した人、すなわち人生の達人は、理想の指導者として描かれているように感じますが、どうでしょうか。

理想の指導者のモデルは「道」そのもの

老子の説く真実の道を自覚することは万人に必要なものですが、とりわけ指導的な立場にいる人（影響を与える立場にいる人）には不可欠の課題です。言いかえれば、理想の指導者のモデルが「道」そのものなのです。

たとえば老子は**「道は隠れて名なし」**と述べています（第四十章）。「道」は現象の背後に隠れていて、もともと私たちの感覚では把握することができず、名づけようのないものです。しかし、万物を育て、平穏な社会をつくり、人びとに安心と豊かさを与える力を持っています。

これは真の指導者のあり方を示唆していることばです。老子のいう人生の達人は、決して独り山に篭《こも》って超然と生きている人ではありません。常に人びとの上に立ち、社会をリードする立場にいる人なのです。

ここでは、老子の説く指導者のあり方を見ていくことにしましょう。

1．むやみに他人に干渉しない——和を実現するコツ

問い　人とのかかわりを考える時、リーダーとメンバーという立場の違いが考えられます。まずグループのリーダーにとって必要な老子流の心得を教えてください。

あせらず、静かに、時間をかける

グループのリーダーに就任すると、その集団の大小にかかわらず、リーダーとしての抱負や気概にまかせて行動し、改善案を提示し、あれこれと指示したくなるものです。それはリーダーとしての使命感によるものであり、大切なことです。

しかし、それが高じてくると、ついメンバーのことを忘れてしまい、グループの中に不和が生じる場合があります。

そこで、老子はことば少なに**「大国を治《おさ》むるは、小鮮《しょうせん》を烹《に》るが若《ごと》し」**と述べています（第六十章）。

「小鮮」とは、鰯《いわし》のような小さな魚です。大国、つまり大きな集団を治めるには、小魚を煮るような意識が大切だというのです。小魚を煮る時に箸でかき回すと、魚の形が崩れてしまいます。小魚を煮るには、弱火で一様に熱が通るように、あせらず静かに時間をかけることが肝心です。

すなわち、グループのリーダー格の立場にいる人は、ともするとあれこれと指示したくなるものですが、メンバーを傷つけることなく、一人一人のモチベーションを保つことを第一にせよ、というのです。誰もが無理をしたり、傷ついたりすることのないように、ゆっくりと時間をかけて治めていくことを提案しているわけです。

これは決して大国というような大きな集団を治める場合に限ったことではありません。むやみに干渉したくなるのは指導的な立場にいる人の常です。確かに物事の大本はしっかりとリードしていかなければなりませんが、決して結果を急ぐことなく、いったん任せた役割については一任するという態度が大切なのです。

指導的な立場にいる人の一言は、部下にとって励ましのことばであると同時に抑圧のことばでもあります。「小鮮を烹る」という気長な見守りこそが、真実の道に従ってグループ内の和を求める唯一の方法なのです。

2. リーダーが常に心がけるべきこと

問い　プロジェクトのリーダーをしていますが、メンバーがいうことを真剣に聴いてくれないのは、リーダーとして失格ということでしょうか。

人は思い通りにならないものと心得る

人様のためと思って行ったことが、相手におせっかいとして受け取られたり、ことばの端々をとらえられて曲解されたりすることはよくあることです。日常生活の中でも、このような意思の不通は大きな問題です。そもそも、老子自身もひたすら真実の道を説いたのですが、なかなか受け入れられなかったのです。

その憤る心を鎮める（和する）ことについて、老子は次のように自らの心境を吐露しています。

「吾《わ》が言《げん》は甚《はなは》だ知り易《やす》く、甚だ行ない易きも、天下能《よ》く知るもの莫《な》く、能く行なうもの莫し。言に宗《そう》有り、事《こと》に君《きみ》有り。（中略）**是《ここ》を以《もっ》て聖人は褐《かっ》を被《き》て玉を懐《いだ》く」**（第七十章）。

つまり、「私のことばはたいへん分かりやすく、また行いやすいのに、私心や邪推する心が邪魔をして素直にことばを聴き、理解することができないから、実践することのできる人はほとんどいません。ことばを発する場合には私心がないという基本があり、事業を始めるには自然のなりゆきに委ねるという王道があります。聖人は外見を飾ることなく、地位や名誉にこだわることがありません。しかし、心の中には常に慈しむ心、慎ましさ、謙虚さという宝玉を失うことのないように努力しているのです」といっているのです。

人はこちらの思い通りにはなりません。しかし、自分自身はしっかりと役割を果たさなければならないのです。

老子は「真実の道」に思いを馳せることによって心を鎮め、リーダーとしての自らの「心の和」を貴んだのです。

自分の癖や欠点と和する

また、不和の状態は各自の自我によって現れます。「自分は」とか、「自分だけは」と自己を表明したくなるのは人情ですが、それを抑えない限り、人との真の和を保つことはできないのです。

そこで老子は、自分の癖とか欠点と和することを提案しています。

「知りて知らずとするは上《じょう》なり。知らずして知るとするは病《へい》なり。夫《そ》れ唯《た》だ病を病とす、是《ここ》を以て病あらず。聖人は病あらず、其《そ》の病を病とするを以《もっ》て、是を以て病あらず」（第七十一章）。

リーダーは他のメンバーに対して万能でなければ、と無理をするものです。しかし、多くの知識を得、経験を積んでも、まだよくわかっていないのではないかと思うことが大切です。すべてを知りえたというのは人間の高慢心です。分かっていないのに、よく分かっていると錯覚し、知ったかぶりすることは、人の心の病です。

人生の達人に心の病がないのは、心の病が人間の最も大きな病であることを自覚し、常に無心で物事に対応することに努めているからです。
したがって、達人にとって心を害する病などはありえないのです。癖や欠点を病として自覚することができるならば、それらによって不和を招来することはないのです。

3．超一流の指導者——指導者のあり方と和

問い　老子の求める理想的なリーダーとはどのようなものですか。

老子が考える指導者の四段階

老子は太古の時代には理想的な指導者がいたといい、時代が下るにつれてその資格が失われていったといっています。そして、それを次の四つの時代（段階）に分けて説明しています。

まず**「大上《たいじょう》は下《しも》これ有るを知るのみ」**（第十七章）。
「大上」とは、太古の時代の最上の君主（聖王）です。つまり、太古の時代の明君と

いわれた人は、ことさらなことをしないので、部下の人たちは威厳や圧力というものを感じることがありませんでした。それはあたかも水や空気のような存在であり、そういう人がいるということを知っているだけで人びとは自然と安心感を懐いたのです。老子は、これこそが超一流の指導者のあり方であるといっています。

続いて**「其の次《つぎ》は親しみてこれを誉《ほ》む」**（第十七章）。

その次の時代に明君といわれた人は、たいへん面倒見がよかったので、部下の人たちは指導者に親しみを感じ、常に感謝し、庇護されていることを自覚し、その存在を褒め称えました。これは一流の指導者ということができるといっています。

さらに時代が下って**「其の次はこれを畏《おそ》る」**（第十七章）。

戦乱の世の君主です。この時代の君主は常に威厳をもって部下に臨み、規則を厳しくするので、その存在は認められました。しかし、部下は上に立つ人の機嫌を損なわないように配慮しなければならず、君主を恐れ、敬遠しました。これは二流の指導者であると老子はいうのです。

そして、今の時代（老子の生きた時代）はさらに世の中が乱れ、**「其の次はこれを侮《あなど》る」**という段階であるとしています（第十七章）。

世の中が混乱を極めてくると、君主は奸臣《かんしん》に囲まれ、私利私欲にふけり、政務をないがしろにするようになり、部下の人たちから軽視されるようになったというのです。これは最低の指導者であるといっています。

老子は指導者のレベルを以上の四つに分けた上で、**「信《しん》足らざれば、焉《すなわ》ち信ぜられざること有り」**と付記しています（第十七章）。指導的な立場にいる人に大切なのは誠実さなのです。誠実さが欠けていると、部下は信頼しなくなります。指導者は威厳を示し、自らの立場を誇示することなどまったく必要ないというのです。

部下の喜びを自分の喜びとする

老子はこのように時代とともに指導的な立場に立つ人の品位が下がってきたと捉《とら》えています。しかし、この四つの指導者のあり方は一人の指導者の進化の足跡として捉えることもできます。

つまり、初めて指導的な立場に立った時は必ず先代の指導者と比較され、軽視されるものです。そこで指導者としての権威を身につけようとした結果、実力がつき、業績を上げ、人から一目置かれるようになります。

しかし、あまりにも権威をひけらかすとかえって恐れられて敬遠されてしまい、集団の統制をうまくとることができなくなります。

そこで、親身になって人びとの面倒を見、立派な功績を積んでいくと、やがて親しまれ、賞賛されるようになるというわけです。

ここまで来れば文句のない一流の指導者なのですが、老子は、もう一つ上の段階の指導者（大上）をめざせといっています。その超一流の指導者について、老子は次のように述べています。

「悠《ゆう》として其《そ》れ言《げん》を貴《おも》（重）くすれば、功《こう》は成り事《こと》は遂《と》げられて、百《ひゃく》姓《せい》は皆我れは自然なりと謂わん」（第十七章）。

「悠」とは、細かいことにとらわれないで悠然としていること。「百姓」とは国民ですが、ここでは部下とかメンバーと考えると分かりやすいでしょう。

つまり、指導者が細事にとらわれないで、発言を慎しみ、静かに見守っていれば、部下は各自の力を存分に発揮し、事業の成果も上がります。そして、事が成就した時、「自分たちの努力が実った、これは自然の結果である」と喜び合うでしょう。このように部下やメンバーが喜び合う姿を見て自分の喜びとする、これが太古の時代の超一流の指導者のあり方なのだと老子はいうのです。

指導的な立場に任命されると、つい功を急ぎ、所信を実現しようと努力します。それはリーダーとして大切なことですが、老子からいわせるとメンバー（部下・国民）が安心して自分の力を存分に発揮し、生きがいと喜びを感じ、充実した生を享受しているかどうか、すなわち和しているか否かが最も大切な問題なのです。

道のごとき指導者とはどのような人物かを考えることは、老子の思想を理解する上で重要な課題です。

4．指導者の配慮すべきこと

問い　よきリーダーになるためには、どのようなことに最も気を配ったらいいいと老子はいっているのですか。

メンバーの最も大切なものを大切にする

老子は指導的な立場とか主催する立場にいる人は、メンバーの最も大切なものを基準として物事を判断せよといっています。

「民威《い》を畏《おそ》れざれば、則《すなわ》ち大威《たいい》至る。其《そ》の居《お》る所を狎《せば》（狭）めること無く、其の生《い》くる所を厭《あつ》（圧）すること無かれ」（第七十二章）。

「大威」とは、天の与える脅威のことです。人びとが自分の境遇や天与の運命を自覚せず、思い上がった振る舞いをするようになると、人生の達人の説く知恵を活かすことができません。その結果、大混乱が起こります。

真の指導者は、人びとの安住するところを脅かすことがなく、人びとの生業《なりわい》を圧迫しません。つまり、常に人びとの最も大切なものを大切にし、彼らの安心と生きがいを考慮するのです。

和を実現するとは、人びとの精神的な問題とつながっていることを考慮しなければなりません。もしもそれを物質的な問題として考えていくならば、決して真の和を実現することはできないのです。
　そこで、老子は次のように述べています。

「聖人は、自《みずか》ら知りて自ら見《あら》わさず、自ら愛して自ら貴《たっと》しとせず」（第七十二章）。

　人生の達人は明智を備えています。しかし、その明智は自らを知るためのものであって、外に向かって輝かせ見せびらかそうとはしません。また、我が身を大切にしますが、人の上に立ってそれを誇示しようとはしません。よって人々の心は常に穏やか（和）です。
　つまり、その人の偉大さは第三者が評価するものであって、こちらから評価してもらいたいと努力する必要はないのです。人生の達人はそれを自覚しています。

自分の力を過信せず、天の道に従う

　また、和を実現するためには勇気が必要であると老子はいいます。しかし、その勇気とは争いを避けるための勇気でなくてはいけないというのです。

「敢《あ》えてするに勇なれば、則《すなわ》ち殺され、敢えてせざるに勇なれば、則ち活《い》かさる」（第七十三章）。

競い合うための勇気は、それがために死を招くことがあります。しかし、自らの生命を全うしようとして道に従い、戦いを避けようとする勇気は、自他ともに活かすことができます。

決して自分から罰を下す必要はないのです。なぜならば、大自然の働きによって信賞必罰の原則が厳然として行われているからです。

「天の道は、争わずして善《よ》く勝ち、言わずして善く応じ、召《まね》かずして自《おのずか》ら来《き》たし、繟《せん》（坦）然《ぜん》として善く謀《はか》る。天網《てんもう》恢恢《かいかい》、疏《そ》にして失《しっ》せず」（第七十三章）。

「繟（坦）然」とは、ゆったりとしている様子。「天網」とは、宇宙自然の法則。「恢恢」とは、広大無辺の形容。「疏」とは、目が粗いことを意味しています。

つまり、天の道に従うならば、争わないで勝利を収め、何ものをいわないで的確に対応し、呼び出さないのに相手のほうから集合し、ゆったりと構えているように見えても的確に物事を判断します。天の法網はあまりにも広大であるので、人から見ると網の目が粗すぎるように感じられます。しかし、それは何ものも看過することなく、的確に賞罰を下すのです。

このように大自然が大いなる「和」を実現しつつあるのですから、リーダーは自分の力ですべて取り仕切ろうとせず、ひたすらメンバーのことを考え、自らの徳を積めばよいと老子はいっています。

三——乱世において和を求める知恵

1.「道」にかなった争い方をせよ——闘争心との和

問い　老子の生きたのは戦乱の時代でしたが、老子は戦争について発言していますか。

戦わざるを得ない時は決然として戦うべし

まず、争うということは老子の最も忌み嫌ったものです。しかし、当時の状況からして戦争を避けることは現実からの逃避を意味しました。

したがって、単に戦争はだめだというのではなく、戦乱の世の中において現実の社会から目を背けることなく、できる限り戦いは避けるものの、戦わざるを得ない場合は一戦を交えることを老子は否定しませんでした。そして、戦争をリードする立場に立つ人のあり方を説いています。

その戦い方について、老子はこういっています。

「善者は果《か》（勝）つのみ。以《もっ》て強《し》いるを取らず」（第三十章）。

「善者」とは、道にかなった戦い方をわきまえている人のこと。「果つ」とは、成し遂げること、勝利を得ることをいいます。

つまり、「道」に従って正しく兵を用いることのできる人は、勝利を収めたらそこで軍を引き揚げます。勝ちに乗じて深追いし、無理に相手を脅かそうとはしません。

これは政治や外交、さらには日常茶飯の些細《ささい》な問題も同じです。深追いや執拗な追及は自他ともに傷つき、後々に禍根を残すものです。

よって、たとえ勝利を得たとしても**「果《か》ちて矜《ほこ》ること勿《な》く、果ちて伐《ほこ》ること勿し」**と述べるのです（第三十章）。

「果つ」とは勝つということ。「矜る」とは、才能を自慢すること。「伐る」とは、手柄や功績を自慢することです。太古の時代には争いはありませんでした。文明の進歩に伴って貧富、強弱の差が生まれ、競争の社会が生まれたのです。時代の流れの中で戦わざるを得ない場合にのみ武器をとるのですから、勝利を得ても自らの才能を誇ることなく、また手柄を誇る必要もないのです。

そして勝利した場合の振る舞いについては、こういいます。

「果《か》（勝）ちて已《や》むを得ずとす」（第三十章）。

真の指導者は勝利を収めても、それを誇って尊大に構えたり、相手を侮る心を持たず、自慢することもありません。勝利を得たことをやむを得ないことであったと自重します。それによって敗れた人たちの反発を和らげることができ、また和解の道が開けてくるというのです。

これが老子のいう真実の道にかなった戦い方です。老子が理想主義に走り、世間に背を向けた人物ではなく、戦いにあけくれる現実社会の中でひたすら「和」を求めた人であったということが分かると思います。

さらに戦争について、老子は次のように述べています。

「兵《へい》は不祥《ふしょう》の器《き》にして、君子の器に非《あら》ず。已《や》むを得ずしてこれを用うれば、恬淡《てんたん》なるを上《じょう》と為《な》す。勝ちて而《しか》も美ならず、而るにこれを美とする者は、是れ人を殺すを楽しむなり。夫れ人を殺すを楽しむ者は、則《すなわ》ち以て志を天下に得《う》べからず」（第三十一章）。

「兵」とは武器のこと。「恬淡」とは私利私欲にまどわされず心安らかなこと、敵意を持たずにあっさりと何事にも執着しないで行動することを意味しています。

つまり、武器というものは不吉な道具であって、本来君子の使うべき道具ではないのです。ですから、やむを得ず武器を使用しなければならない時は、敵意を持たず、あっさりと使うことが道に適った武器の使い方なのです。

戦うということ自体、すでに道から外れた行為です。したがって戦って勝利を得ることができたとしても、それは決して善いことではありません。それなのに勝利の祝宴をあげて得意になっている人は、人殺しを楽しんでいるということであり、そのような非情な人を、人びとが主《あるじ》として受け入れるはずはありません。

また**「大怨《たいえん》を和《わ》すれば、必ず余怨《よえん》有り」**とも述べています（第七十九章）。深刻な怨み事を与えておいて、あとになって多少の恩恵を施して和解したとしても、必ず後々まで禍根を残すものです。被害者の受けた心の傷は加害者には到底分からないほど深いものです。

このように戦争に関する老子の意見に耳を傾けると、彼は決して現実から逃避して雲上から平和を説いたのではなく、眼前に展開する戦乱の世としっかりと向き合った人物であったことが理解できます。

2. 争うことによって失うもの――敵対した相手と和する

問い　老子は敵対している相手とも和することを勧めているのですか。

争うことによって失う最大のものは何かを考える

誰もがライバルを持っています。時には真正面から対立する相手もいます。老子は正面からぶつかって和するのではなく、あくまで争いを避け、穏やかに折り合う道を提案しています。次のことばです。

「善《よ》く士たる者は武《ぶ》ならず。善く戦う者は怒《いか》らず。善く敵に勝つ者は与《とも》にせず。善く人を用うる者はこれが下《した》と為《な》る」(第六十八章)。

立派な武士は、実力があるので、戦う前に自分の強さを誇示する必要はないのです。優れた戦士は、争う心を持たないので心の平静さを失うことがなく、怒りを外に表すことはありません。必ず敵に勝つ人は、そもそもこちらに争う心がないので敵を相手にしません。

同様に、上手に人を使う指導者は、常に部下の個性を認め、本人も人柄や才能を尊重し、それを活かすことのみを考え、自らは謙虚にへりくだって、ひたすら温かく見守っているだけです。自らを誇示することなく、怒りを外に表すことなく、常に戦いを避け、謙虚に人を立てていくことは人生の達人の心がけることであり、これこそが天下を平和に導き、人びとの安心を招来する唯一の道であると老子はいいます。さらに次のようにも述べています。

「禍《わざわ》いは敵を軽《かろ》んずるより大《だい》なるは莫《な》し。敵を軽んずれば、幾《ほと》んど吾《わ》が宝を喪《うしな》わん。故に兵を抗《あ》げて相い如《し》けば、哀《かな》しむ者勝つ」（第六十九章）。

災いを招くのは敵をあなどるからです。敵をあなどるならば、慈しみの心、慎ましさ、謙虚さという宝物のほとんどを失うでしょう。これこそが最大の損失です。よって、対陣して兵力が等しい時、三つの宝（二四八頁以下参照）を懐き、慈愛の心で対陣している現状を悲しむ者が勝利を得るのです。

争うことによって失う最大のものは何か、老子のことばが心に響いてきます。

3．自然体で穏やかに生活する――競争社会との和

問い　競争社会を勝ち抜くために、指導者はどのようにあるべきだと老子はいっているのですか。

作為を用いることなく、名利にとらわれることなく

競争社会にいると、成果を挙げたい、有用でありたいと望む心の片隅に、名誉や名声、評判などを求める心が自然に湧いてくるものです。しかし、それらは本来の自分を見失ってしまう原因になります。そこで老子は本来の自分とは何かを考えなさいと教えています。

老子は乱世において勝ち抜いていくためのヒントをいろいろと説いています。とくに指導的な立場にいる人の心得を説くことに力を注いでいます。

たとえば、**「其の志《のぞみ》を弱くして、其の骨を強くす」**ということばがあります（第三章）。

「志」とは、儒家では道徳的な修養をめざすという意味ですが、老子においては高望みをし、狡知《こうち》をめぐらせて身を立てようとする意思のことです。また「骨」とは、筋骨に象徴される現実を生き抜いていく人間の底力を意味しています。

真の指導者が治めるならば、人々は分不相応な望みや競争心を懐くこともなく、平静な生活を営むことができます。それによって現実の生活を生き抜く「人としての本来の強さ」（生命力）を自覚し、自然体で力強く生活していくことができるのです。

リーダーに最も大切なことは、メンバーそれぞれの実力を活かすことであり、本来持っている人間力を引き出すことにあるのです。

そのために、続けて**「無為《むい》を為《な》せば、則ち治まらざる無し」**と述べています（第三章）。

「無為」とは、一切何事もしないということではありません。「無為を為す」とは、作為的な政策を施さない治め方をするということなのです。これは老子の説く「道」を志す人の積極的な生き方を示す重要なことばです。

つまり、上に立つ人が名利にとらわれて無理な政策を施さないように心がけるならば、人びとは狡知や不当な欲望、虚栄心などに振り回されることはありません。そして、自然体で平穏に生活したいという願望を各自が実現していくので、平和（和）が実現するのです。

そこで老子は**「小国寡民《かみん》」**を理想としています（第八十章）。規模を拡大することは経営をする立場に立つ人の大切な課題でしょう。同様に、戦乱の当時にあっては、一般に国を大きくし、多くの人口を抱えることが理想であったのです。

そこで老子は、国が小さく人民が少なければ戦乱にも巻き込まれることなく、人びとは日々安心して自らの生活を営むことができるといい、外に向けての拡大よりも、内部の充実を優先させることを提案しています。規模の拡大は争いの元になり、人の増加は戦力として必要なものであっても、一人一人の日常生活の和とは無縁だというのです。

しかし老子は、こじんまりとした山間の理想郷を貴んだのではありません。つまり規模を拡大することや人民を増やすこと自体を否定しているのではないのです。拡大や増大に至る過程において必然的に生ずる争いや葛藤を否定し、争わずに国力を充実する道を模索せよというのです。

競争とは目標があって行うものです。そして、自分が正しいと信じる信念があるから、人を押しのけてでも、場合によっては多少ずるいことをしてまでも、やってのけようという考えが出てくるのです。その時、私たちは功名心という貧しい心にとらわれています。

そんな時に老子は「そういう心をさっぱりと断ち切って、自然にのびのびとした心になれたならば、もっと楽になれますよ」と優しく囁いてくれます。現実社会を生き抜き、真の幸福な豊かな心を持つために、自分自身をそのまま受け止めて、自信を持って自分らしい生き方をしてほしいというのが、老子の願いなのです。

第四章

運命・境遇を受け入れて生きる

――もっと自由に

人生の和

社会は激動し、歴史は絶え間なく進歩していきます。もしもその動きについていくことができなければ、周囲に取り残され、文明の孤児となってしまいます。

人生の歩みの中で「まさか」という坂があるように、社会の動きや歴史の進歩、不運な出来事や不条理な体験を余儀なくされることがあります。そんな時、歴史のめぐり合わせ、自らの運命や境遇を呪っても何も始まりません。

身の回りに起きる出来事や与えられた待遇に対してどのように対応すればいいのか。もしもそれをそのまま素直に受け入れることができるならば、どんなに気が楽なことでしょう。いうまでもなく、それは簡単なことではありません。

今までは、物質文明が進歩し、生活様式が合理化していくと、私たちの心も豊かになっていくだろうと考えられてきました。しかし、現実を眺めると、本当にそうだろうかと疑問を持ちたくなりませんか？　物が豊かになると、もっとたくさんのものが欲しくなるし、地位とか名声ももっと高いものを求めたくなります。そうやって私たちの欲望は無限に増大していくのです。

確かに欲望は人間社会を進歩させ、社会を発展させる原動力になります。しかし、激動する社会を前にして、少し疲れてしまった人、気が弱くなって自信を失ってしまった人も多いのではないでしょうか。

そういう人に対して、老子の言葉はきっと自信と勇気を与えてくれるはずです。老子はそういう人たちの耳元で「あなたをもっと楽にさせる道がありますよ」と囁いてくれるのです。そのことばに励まされて、私たちは新たな思いを持って前を向いて歩き始めることができるに違いありません。

老子は、人間の知恵と知識の総力を挙げて解決しなければならない問題は、人間がいかに人間らしさを失わずにその生を享受するかということである、という信念に基づいて発言しています。

そして「真実の道」の存在に気づき、運命や境遇すなわち自らの人生との和を得ることができれば、人はもっと自由に生きていけるというのです。

一——時代の進歩と真実の道

1. 時代の進歩と人間の進化——歴史の動向との和

問い　老子は時代とともに人間社会が乱れて、人びとはその本来の姿を見失ってきたと考えたようですが、人類は退化していくという歴史観を持っていたのですか。また昔に戻れというのでしょうか。

新たな時代を切り開くために太古の精神を活かすことを説く

確かに老子は歴史の進歩や文化の発達について負《ふ》の面を見ています。だからといって、単純に太古のよき時代に戻れといっているのではありません。太古の時代に生命力を持っていた「人としての真の力」に思いを馳せ、それを現代に活かすことによって新たな時代を切り開いていくことができるといっているのです。

その段階を老子は四つに分けて説明しています。

まず有名な**「大道《たいどう》廃《すた》れて、仁義《じんぎ》有り」**ということばで表される時代がありました（第十八章）。

「大道」とは、「道」の偉大さを形容したことばで、大いなる道、真実の道のこと。「仁義」とは、慈しみの心と正しい行いを意味しています。

人間は本来、仁や義などについては教育されなくても、自然な振る舞いとして、それを行い、「和」の世界を実現していたのです。しかし、時代の流れとともに人々が心安らかに自然に振る舞うことのできる時代は去りました。その結果、「真実の道」が見失われたために、声高に慈しみの心とか正しい行いといった道徳が説かれるようになったのです。

このような経緯から、老子は、「真実の道」を各自が自覚することによって、仁とか義という現行の精神文化をさらに高いレベルに引き上げることができるというのです。

次なる時代は、**「智慧出《ちえい》でて、大偽《たいぎ》有り」**という段階です（第十八章）。「智慧」とは、人間の知恵、文化の発達に伴って発達した知識を指します。「大偽」とは、人の力を過信する風潮、さらにそれに伴う偽りの行為を指しています。

人知が発達すると、人びとは思考や分別を重んじるようになり、それは競争社会に私たちが巻き込まれていく前兆でありました。知識や学歴などで人物を評定するようになると、それまで平穏に暮らしていた人びとは各自が本来持っている優しさや強さを発揮せず、人の力を過信して、むやみに知識や学歴を競うようになりました。その結果、互いに騙し合い、人を陥れるなどの誤った行為が横行するようになったのです。

老子はそうしたあり方を否定します。そして、「真実の道」を自覚することによって、人間の知恵は本来の正しい活かし方に導かれ、時代の進歩に沿う文化の進歩に寄与するというのです。

さらに時代が下ると、**「六親《りくしん》和せずして、孝慈《こうじ》有り」**という段階になります（第十八章）。

「六親」とは、親と子、兄と弟（姉と妹）、夫と妻。「孝慈」とは、儒家の説く人間関係の基本です。子の親に対する心を「孝」といい、親の子に対する心を「慈」といいます。

さて、時代の進歩とともに、人びとの平穏な生活を揺るがす競争社会となりました。すると虚栄心や功名心を満足させるために身勝手な行為が横行し、身内の者やあげくの果てには親と子との関係さえ不和になったのです。そこで親に対する孝養とか、子供に対する慈しみの心が、道徳として教育されるようになりました。

しかし老子は、孝や慈という人間が本来持っている誠意を真に活かすには「真実の道」を自覚することであり、それによってこそ人びとの精神生活をいま一段高度なものにすることができるといっています。

「真実の道」の自覚なき時代は乱れ、ついに**「国家昏乱《こんらん》して、貞臣《ていしん》有り」**という段階に入ります（第十八章）。

物質文明の進歩は人びとの競争心をあおり、国家の秩序が乱れ、政情がひどく混乱するようになりました。そこで、忠実な臣下とか、誠実な国民であることが強要されるようになったのです。「貞臣」は大切な存在。「真実の道」を自覚した臣下に支えられた国づくりこそが今後の緊急の課題であるというのです。

このように老子は時代とともに社会が乱れてきたことを嘆き、私たち一人一人が「真実の道」に目覚めることによって、眼前に展開する乱世を根本から立て直し、新たな時代を切り開くためのヒントを提示しました。これは太古の精神を各自が現代に活かすことを説いたのであって、決して太古の世界に戻れといっているのではありません。

競争社会に巻き込まれないための老子の抜本的な提案

以上のように、老子は、時代の進歩とともに人びとが競争社会に巻き込まれ、人として本来持っていた善なるものを見失っていくことを嘆いていきます。これは老子の頭を悩ます最大の問題でした。そこで、その問題の解決のために老子は次に挙げるような抜本的な提案をしています。

「聖を絶ち智を棄《す》つれば、民《たみ》の利は百倍せん」（第十九章）。

ここでいう「聖」「智」とは、知徳に優れた儒家の説く聖人のこと。「民の利」とは、人びとの生活を真に豊かにすることを意味しています。

これは、世俗の知識人によって聖人や知者がことさらに尊重されることがない社会を築くならば、人々は功名や栄誉を求めて無理することもなく、真に豊かで充実した生活を送ることができるという提案です。

この場合も、聖人や知者はだめだといっているのではありません。小賢しい知識人が説く思想に振り回されるな、というのです。

「仁を絶《た》ち義を棄《す》つれば、民は孝慈《こうじ》に復《ふく》せん」（第十九章）。

「仁を絶つ」とは、むやみに仁者を尊ぶ社会の風潮をなくすこと。「義を棄てる」とは、むやみに正義の人を尊び讃える風潮をなくすこと。「孝慈に復する」とは、もともと持っていた親子の愛情を取り戻すことを意味しています。

つまり、仁愛の人とか、正義の人を声高に称することのないような社会を築くならば、人々は功名心をあおられることなく、自然に親に対する孝心を懐き、子に対する慈愛の心を取り戻すはずだというのです。

競争社会というと物質的な利害関係だけが強調されますが、たとえ道徳的なことであったとしても、それを競い求めるという行為そのものがすでに「真実の道」から外れているのです。

「功を絶《た》ち利を棄《す》つれば、盗賊《とうぞく》有ること無からん」（第十九章）。

小手先の技巧を偏重することなく、効率や業績のみで物事を評価することをやめるならば、人びとは目先のことにとらわれて盗人根性を懐くことはなくなり、しっかりと人生の目的を見据えた生活をするようになるだろう、といっています。

そして、そのためには一人一人が日常生活の中で純朴で「寡欲《かよく》」を心がけなければならないとしています。

いわく**「素《そ》を見《あら》わし樸《ぼく》を抱《いだ》け。私《し》を少なくし欲を寡《すく》なくせよ」**（第十九章）。

「素」とは、素地のままの振る舞いに込められた人間の本来の優しさや強さ。「樸」とは、切り出したままの材木。あらゆる可能性と強さを秘めた人間の純粋さを象徴しています。「私」とは、自分勝手な言動。「欲を寡なくする」とは禁欲ではなく、欲望を「真実の道」によって正しく発動するということです。

つまり、飾り気のない素地のまま振る舞い、心の中に伐《き》り出したままの材木のような純朴さをしっかりと保つことによって、もっと心を楽にすることができるのです。そして、自分勝手で利己的な考え方や行いを抑えて、周りの誘惑に振り回されないように欲望を正しく発動するならば、各自が持っている人としての本来の強さを自覚することができ、そこで初めて物心ともに真に豊かな生活を営むことができるというのです。

2. 学者の資質を問う――学問との和

問い　『老子』には「学問をやめてしまえば、心配事がなくなる」という趣旨の内容が書いてあると聞きました。老子は、学問には意味がないと考えていたのですか。

何のための学問なのかを問うた老子

それは「**学を絶《た》てば憂《うれ》い無し**」ということばです（第十九章）。

確かに老子は、学者や知識人が功名心によって行う軽薄な言動を強く否定しています。しかし、単純に「学問を捨ててしまえば心配事がなくなる」とはいっていません。

ことばだけが独り歩きしてしまうと、とんでもない誤解になります。それを諫《いさ》めているのです。

学問とは本来、自分自身を高めるものであって、人から評価されたいからとか、人から馬鹿にされたくないからといって取り組むものではありません。ゆえに、時代とともに流行している「本来の目的を見失った学問」ならばやめてしまえ、というのです。そうすれば、人の評価に気をもむこともないので「憂い無し」となるだろうというわけです。

つまり、名誉や地位を得るための学問とか興味本位の知識などを学ぶことをすっかりやめたならば、人の目を気にしたり、杞憂するといった思い煩いはなくなるだろう、と。人間はもともと功名を求めて学問に励んだのではないのですから、その本来のあり方に戻ればいいではないかというわけです。

「学を絶てば憂い無し」は、学問を修めることは自分自身を高めることが目的であるということを強調するためのことばです。老子は、他人から評価されたいがために学ぶというように、時代の進歩とともに学問の本来の目的が見失われ、学者が退化してきたことを嘆いているのです。

そしてこの後には**「唯《い》と阿《あ》と相い去ること幾何《いくばく》ぞ。美と悪と相い去ること何若《いかん》ぞ」**ということばが続きます（第二十章）。

「唯」とは、「はい」というはっきりとした返事。「阿」とは、「ああ」という間延びしたいいかげんな返事です。

儒家の説く教典には、目上の人から呼ばれた時は「はい」とはっきり返答をし、「ああ」というようないいかげんな返答をしてはならないと書いてあります。しかし、「はい」とはっきり答えるのと、「ああ」といいかげんに答えることは、どれだけその人の本質にかかわるものといえるでしょうか、と老子は疑問を投げかけています。

心が伴っていなくても「はい」という返事はできるでしょうし、信頼関係の深い者同士ならば「ああ」という返事でも意思は通じるのです。「はい」「ああ」という発言、つまり外見だけでその人の人格まで判断したのでは、相手も気分を損ない、何よりも自分にとっても損失ではないかというわけです。

同じように、世間でいう善人と悪人、美しいと醜いというのも、果たしてどれだけの差違があるというのでしょうか、と問いかけています。そして、それらはとかく外見を比較した場合の相対的な違い、または主観的な価値の違いによるものであって、それを物事の本質にかかわる絶対的な価値と考えることは偏見であり、ものの見方や考え方を限定してしまうといっています。このことこそ「人としての退化」なのです。

学問を通して、礼儀や善不善の基準を学ぶことは、自分自身の教養の一端として大切なものですが、だからといって、それを振りかざして物事を判断したり、ましてや人を非難したりするのは学問本来の目的を逸脱した愚行です。

このような意味において、「学を絶てば憂い無し」なのです。老子のことばは、決して学問そのものを否定したものではなく、学問によって獲得した知識や見識をいかに活かして（和して）いくかという学者の学ぶ姿勢を問題にしています。そして、「真実の道」を自覚することによって学者の資質の向上を願ったのです。

3. 文化の発達によって見失われていった心の和

問い　文化の発達と人びとの幸福との関係について、老子はどう考えていたのですか。

文化の発達が幸福に結びつかないことを嘆く

このことは老子の歴史観を見ることによって理解できます。老子は文化の発達が必ずしも人びとの幸福や安心に結びつかず、かえって競争社会へと陥っていく現状を注視しています。これは彼が最も心を痛めたことです。

これについて、老子は独特の歴史観を展開していきます。しばらく老子の意見に耳を傾けてみましょう。

「道を失いて而《しか》して後《のち》に徳あり、徳を失いて而して後に仁あり、仁を失いて而して後に義あり、義を失いて而して後に礼あり」（第三十八章）。

文化の発達は一方において人々の生活を豊かにしましたが、他方、人々を競争社会や格差社会の渦に巻き込んでしまいました。老子は、時代の動向とともに「真実の道」が見失われたため、その道を体現する「徳を身につけた人」があらためて注目され、賞賛されるようになったと考えています。人びとの生活の中に道が行われているならば、道を行うことはごく自然な行為であり、徳を体得しているかどうかというようなことは意識する必要もないというのです。

時代が下って、徳を身につけた人が少なくなると、教育によって仁愛の徳を身につけた人が君子や仁者として尊ばれるようになりました。

さらに時代が下ると、人々の仁愛の徳に期待することすらできなくなってしまい、「人の道」として正義という行動の基準が提示されるようになりました。

「義」とは人間の行動の基準、人の歩むべき道です。道に法《のっと》り、自然体で生活することを理想とする老子において、本来「義」は外から強制されるものではなく、自然に実現されるものであったのですが、それが不可能になってしまったのです。

ところが、世の中はさらに乱れ、人の道（正義）によって世の中を正していくことができなくなると、ついに人間の行動を細かく定めた「礼」を徹底させることが考えられるようになりました。「礼」とは、儒家にいわせると聖人が天の道（真実の道）を人の道として成文化したものです。よって「経礼三百、威儀（曲礼）三千」といわれるように数多くの条文や規定が創案され、礼は人の一生のあらゆる問題にかかわる規範となったのです。「礼」の作成は文化の進歩であったのです。

しかし「礼」が細かく定められ、形式が重んじられるようになると、人々の生活そのものが形骸化し、その精神がますます真実の道から離れていきました。もともと礼は「真実の道」が自覚されることによって初めて意味をなすものだったのですが、「真実の道」への意識が薄れ、礼のみが強調されるようになると、それは老子の説く和の思想の対極にある考え方となってしまったのです。

争乱の始まりの元凶となった浅薄な文化人たち

そこで老子は**「夫《そ》れ礼なる者は、忠信《ちゅうしん》の薄きにして、而《しか》して乱の首《はじめ》なり」**と述べています（第三十八章）。

「忠信」とは、人に固有の真心と、他人との道徳的な信頼関係をいいます。要するに、忠とか信とかいう人の真心や仁愛などの道徳的な人とのかかわりが希薄になったために、礼の規範が尊ばれるようになったのです。

このことによって人間関係が序列化され、形式に流れるようになり、人が本来持っている平穏無事を求める心が見失われてしまいました。その結果、自分自身の心の中を豊かにすることを怠るようになり、それが争乱の始まりとなったのだ、と老子は見ています。そして老子にいわせれば、そのような争乱の元凶にあったのが学問の本来の目的を見失ってしまった学者や知識人と称される文化人の存在でした。

老子は「**前識**《ぜんしき》**なる者は、道の華**《はな》**にして、而**《しか》**して愚**《ぐ》**の始めなり**」と喝破《かっぱ》していますᐧ(第三十八章)。

「前識」とは、先覚者、物事によく通じていて、指導する立場にいる人のこと。俗に学者とか知識人とかいわれる人たちを指しています。「華」とは、はかなく散っていく仇花《あだばな》、道を体得する上で有害無益なもの。見識の低い知識人全般を意味します。

博学で歴史や儀礼などに通じている人は、文化人として人々の尊敬を集め、指導的な立場に置かれています。しかし、「真実の道」を体得した人から見れば、博学多識であることを鼻にかけているならば、そのような輩ははかなく散っていく仇花のようなものだと老子は批判しています。そして、彼らの浅はかな知識や見識は、人びとをますます混乱させ、愚劣な世界へと落ち込ませてしまう元凶であるというのです。

先に紹介した「学を絶てば憂い無し」とは、これをいっています。知識人は文化の発達に大きく貢献したことは確かです。しかし、民衆の立場に立ち、人びととの平穏な生活という視点から考えると、必ずしも諸手を挙げて賞賛するわけにはいかないというのです。ここは老子の現実主義の立場が最も色濃く出ているところです。

真心を基礎として行動する

では、どのようにしたらよいのでしょうか。これについて老子は**「大丈夫《だいじょうぶ》は、その厚きに処《お》りてその薄きに居らず。その実《じつ》に処りてその華に居らず」**と指摘しています（第三十八章）。

「大丈夫」とは道を志す立派な人のことですが、ここでは真実の道を志す立派な学者や文化人と理解するほうがいいでしょう。「厚き」とは忠と信の心をいい、「薄き」とは形式主義に陥った礼の文化を意味しています。

社会には儀礼や慣習となったルールやマナーがあります。儀礼や慣習を守ることは当然なのですが、それを重視しすぎると、ともすると形式にとらわれ、とかく人間関係を殺伐《さつばつ》としたものにしてしまいがちです。

また、知識人を気取る人の発言は人びとの心を動揺させ、不自然で窮屈な思いを懐かせてしまいます。真実の道を自覚した学者や文化人は、その道に倣《なら》って質実剛健な生涯を送り、決して博学多識であることによって名誉や利益を得ようとはしないものです。

そこで老子は、万物を慈しむ深い真心を基礎として行動することを勧め、形式的な礼や慣習、さらには浅薄《せんぱく》な知識人の発言などにとらわれてはだめだと警鐘を発するのです。

要するに、時代の流れの中で文化が発達し、それによって生活は便利で豊かになったのですが、一方で競争社会に巻き込まれた人々は効率を上げることを最高の価値と考えてしまいました。その結果、不自然な振る舞いを余儀なくされ、かえって不安と不和の状態に陥ったのです。ゆえに「真実の道」を自覚する必要がある。そうすれば、時代の進歩に伴う人間の進化が実現し、真に豊かな時代を築いていくことができるというのです。

ここで注意したいのは、老子が知識人を批判する一つの理由が、ことばによって提示される学問の成果を利用する、彼らのあり方に対するものであることです。「真実の道」は学問やことばの世界を遥かに超えたものであり、体験を通して各自が感得するしかない世界なのです。その点で、ことばを弄《ろう》する知識人たちを、老子は信じることができなかったのでしょう。

しかし、老子は神秘主義に陥ることはありませんでした。なぜならば、彼は学問そのものを否定したのではなく、学者や知識人の資質を問題にし、あくまで人々の現実における生活を基盤とした合理主義の立場を堅持したからです。

4．多すぎて見えなくなったもの——社会の動向との和

問い　情報があふれる現代社会を生きる心得を説いたようなことばはありませんか。

情報収集せずに道を求めても何も分からない

流行や最新の情報などに敏感に対応し、社会の動向に対応していくことは、いつの時代にあっても不可欠の課題です。そこで、私たちは情報の収集に力を注ぐのですが、いくら情報を収集したとしても、それを読み解く力がなければ情報の量に翻弄され、社会の動向と和していくことはできません。

これについて老子は次のように述べています。

「戸《こ》を出《い》でずして天下を知り、牖《まど》を闚《うかが》わずして天道を見る。其《そ》の出《い》ずること弥々《いよいよ》遠ければ、其の知ること弥々少なし。是《ここ》を以《もっ》て聖人は、行かずして知り、見ずして名《あきら》（明）かにし、為《な》さずして成す」（第四十七章）。

真に道を体得した人は物事の変化の道理をわきまえているので、家から一歩も出なくても世界の情勢を知ることができ、窓から外をのぞかなくても世の中の動向を知ることができるのです。

世の中の動きを知ろうとしてあくせく歩き回ると、かえって物事の本質を見失ってしまうものです。むしろ物事の本質を見据えるためには道を常に意識し、物事を静観し、慎思《しんし》することが大切です。真に道を体得した人は、常に見識を磨き、大局をわきまえているので、出歩かないですべてを知り、見ないでもはっきりとわきまえ、何もしないで自然にすべてのことを成し遂げるのです。

しかし、家から一歩も出ないで（情報の収集に努力しないで）、道のみを求めたとしても何も分かりません。情報を収集することは大切なことであり、老子のことばもそれを前提としています。つまり老子は、収集した知識や情報を活用する人を進化させることを目標としているのです。

情報の洪水で真相が見いだせないことや、多すぎて見えなくなってしまったものがあることを考えてみると、このことばは情報化社会といわれる現代に生きていく上での根本的な心得を示しているといえるでしょう。

知識を見識に高めるための「無為」

情報の収集や学問による知識の修得は物事を判断するための不可欠な課題です。しかし、獲得した情報や知識をいかに活用するかとなると、もう一つ高い次元の見識を必要とします。その見識を正しく獲得することについて老子は、次のように述べています。

「学《がく》を為《な》せば日々《ひび》に益《ま》し、道《みち》を為せば日々に損《そん》ず。これを損じて又《ま》た損じ、以《もっ》て無為《むい》に至る。無為にして為《な》さざるは無し」（第四十八章）。

「学」とは、孔子が最も大切にしたもので、ここでは儒家のいう学問や修養を指します。学問を修めていると、知識はますます増え、何事に対しても広く知ることができます。しかし、「道」を修めていると、一日一日と知識へのとらわれがなくなり、知識のみに頼ることのない心境に至って、かえって知識を正しく活用する道が開けていくのです。

知識へのとらわれをさらに減らしていって、ついに無為の心境に至れば、何を行っても抵抗を受けることなく、知識を生かしてすべてのことを立派に成し遂げるようになるというわけです。

この「学」を「情報の収集」と置き換えると理解しやすいでしょう。この場合も、老子は「学」そのものを否定しているのではありません。「学」によって得た知識を真の見識まで高めるためには、「無為」という一段高い意識を持たなければならないといっているのです。

「無為」は、老子の思想のキーワードです。先に述べたように、これは一切何もしないという意味ではありません。作為的に不自然な行動をしないということであって、真実の道に従って虚心に努力するという極めて前向きな言動をいいます。

見識とか、知見といったものは、この無為の努力によって学を積み、体験を通して初めて獲得できるものです。言いかえれば、知識や情報を真に活かすことのできる取り組み方が「無為」なのです。

この「無為」の行動を徹底することができるならば、知識や情報を存分に活用できるのですから、どのようなことでも成就できると老子は断言しています。つまり、「無為」とは、より高度な見識を獲得して和を実現するための根本的な姿勢なのです。

二——とらわれをなくす

1．自分らしく生きるために

問い　よく「最近の若者は……」とか、「人はこうあるべきだ」とか、上から目線で高飛車にいわれることがあります。先輩に敬意を払うべきとは思うのですが、つい「ムッ」としてしまうこともあります。老子のことばにはそうした角が感じられないのですが、それはどうしてですか。

「人の道」として示された教えの生命に触れる

こうした憤慨はおそらく太古以来、いかなる時代にあっても若者世代が常に感じていたことかもしれません。因襲的な価値観への疑問であり、それを押しつけられることへの反発でしょう。

序でお話ししたように、**「道《みち》の道とすべきは、常の道に非《あら》ず」**ということばがあります（第一章）。これは「ことばで示された道は、真実の道そのものではありません」という意味です。

「ことばで示された道」とは、長年にわたって説かれてきた倫理や道徳として示された教えや規範、すなわち「人の道」を意味しています。一般に「道」は、学問や教育を通して理性的に修得していくものでした。これに対して老子の説く「常の道」は、感性によって直感的に体得する超越的なものであり、人知を超えた普遍的な「真実の道」です。

老子によると、太古の時代、人はおのずから道に適った生き方を行うことができたのです。よって道を説く必要もありませんでした。しかし、文明の開化に伴って「真実の道」に基づいて「人の道」が考案され、ことばによって人々の人生の指針を教示するようになりました。そして、この「人の道」によって文明は進歩し、高度な文化を創り出したのです。

しかし、「真実の道」はことばによって示すことができないため、文化の進歩ととともに影をひそめていきました。その結果、「人の道」の生命は失われて、形骸化していったのです。形骸化したものを高飛車に押しつけられれば、「ムッ」とするのも当然です。人は誰でもそう思うでしょう。

そこで老子は、豊かで自由な人生を築くために「真実の道」の存在に思いを馳せ、大きな力によって生かされていることを実感することによって、「人の道」として示された教えの生命に触れなければならないと示唆しています。

その上で、大人からいわれたことや既存の価値観をもう一度考え直してみると、「人の道」の真の意味が分かり、既存の価値観に対する憤りや反発は自然に鎮まり、静かにうなずくことができる。そして、実生活の中でも自然体で自分らしく「和」を実現することができるようになる、というのです。

2. 他人の目

問い　人の評価とか相手の人の肩書などにとらわれて萎縮してしまうことがあります。評価や肩書について、老子はどういっていますか。

ことばの奥にある「真実の名」に目を向ける

それは誰もが気にしていることであって、評価や肩書にとらわれるのは自然です。老子は、その不安はことばによって表現された価値観にとらわれているからであるといっています。

それを表したのが**「名の名《な》とすべきは、常の名に非《あら》ず」**です（第一章）。

「名」とは、ことばによって示された名称で、人についていうならば肩書きや身分、さらに功績や業績に対する評価や評判のことです。また「常の名」とは、人によって付与された通用の名称（肩書・身分、評価・評判）を成り立たせる元になった真実を表わす名称（無名）を意味しています。

つまり、これは「ことばによって示された名称は、真実を示すものではありません」といっているのです。ことばによって示された評価や肩書は、便宜上、付されたものであって、必ずしも物事の真相を表現するものではありません。したがって、そのうわべの名称にとらわれてしまうと、人物や物事の真実の姿を見失うことになるということです。

老子は、名称にとらわれて一喜一憂してしまう人に対して、「名の名とすべきは、常の名にあらず」と諭しているのです。

さらに**「名無《な》きは天地の始め、名有るは万物《ばんぶつ》の母」**と述べています（第一章）。

天と地が分かれる以前は「名」（ことば）はありませんでした。万物の母である天地が開けたことによって、天と地という「名」（ことば）が生まれたのです。ことばの役割は、このように物事に名称をつけることによって、他のものと区別するところにあります。

たとえば、「人」とか、「若者」とか、「私の」とか、「あなたの」とか、さらには「優秀な人」とか、「上司」とか、人間はことばによって人をも含む森羅万象を確認し、相互のかかわりを明らかにし、評価して、その序列を定めました。それは私たちが生活する上で不可欠なものですが、時として先入観や偏見となり、人びとの言動をも規定し、時に束縛するようになったのです。

ですから、人の評価が気になってしかたのない人は、そのことばの奥にある「真実の名」に目を向ければいいのです。そうすれば、周りの人のことばに一喜一憂する自分から解放され、もっと自然に生きていくことができるわけです。

老子は、人の評価に気を配ることも大切だけれど、一方で「真実の名」から見るとどうかと絶えず自問して、自分らしさを見失わないようにしなさいと教えています。

虚栄心に基づいて発せられたことばや知識にまどわされるな

また、人とのかかわり方については、次のような教えを垂れています。

「信言《しんげん》は美ならず、美言《びげん》は信ならず。善なる者は弁ぜず、弁ずる者は善ならず。知る者は博《ひろ》からず、博き者は知らず」（第八十一章）。

「美言」とは、誇張され、飾られたことばです。

「信頼のおける内容のあることばには飾り気がありません。飾り立てたことばは信頼することができません。また道を体得した立派な人物は口上手ではありません。口上手な人は、信頼することのできる人物ではありません。さらに本当の知者は博学ではありません。博学を誇示する人は真実を知らず、本当の知者ではありません」といっています。

学問に励むことはよいことですが、知らなくてもよい知識を得てしまうと迷路に迷い込み、道を体得するという目的からますます離れてしまいます。また、人のことばによって感情を害することがあります。自己顕示の強い人や、知ったかぶりをする人と会った時など、とくに精神的な不和になります。そんな時でも、老子は、腹を立てるのではなく、相手の心境を慮《おもんぱか》ることによって心を鎮めることができるのですよ、と教えています。

ことばや知識は自己防衛の手段でもありますが、時に虚栄心の発露ともなります。老子は、虚栄心から発せられたことばや知識にまどわされるなと注意しているのです。

3. 世間の常識や先入観について

問い　美しいとか美しくないとか、善とか不善とかの基準はあるのですか。もし絶対的な基準などないとするならば、その判断は主観でいいのですか。

とらわれた見方から心を解放する

むろん物事の判断は主観で行うものです。しかし、その主観がどれだけ普遍性を持つかが問われているのです。偏見とか独断は避けなければなりません。

老子はこれについて次のように述べます。

「天下みな美の美《び》たるを知るも、斯《こ》れ悪《あく》のみ。みな善《ぜん》の善たるを知るも、斯れ不善《ふぜん》のみ」（第二章）。

美しいものを美しいものとして認めていくことは大切です。しかし、自分の価値判断のみに固執し、独断に陥ることは醜い心です。善いことは善いとして認めていくことは大切です。しかし、自分の判断を絶対的なものとして固執し、独善的になることは善くない心です。

ですから、やはり「真実の道」に照らして判断しなくてはいけないのです。「真実の道」を体得した人からすれば、善悪とか美醜といったとらわれはありません。しかし私たちは、どうしても先入観として一方の基準にとらわれてしまいます。それが人の性《さが》なのです。

だから、老子は「真実の道」の存在に気づくことを説いているのです。それによって先入観から解放されれば、とらわれた心がなくなり、もっと楽に生きていけるというのです。

老子は、私たちの物事を判断する基準が常に他との比較の上にあることを問題視し、こう述べています。

「有《ゆう》と無《む》と相《あ》い生じ、難《なん》と易《い》と相い成り」（第二章）。

「物事の有無や難しいとか易しいということは、ともに相対的に把握されたものだ」というのです。確かに「有る」が「無い」を、「無い」が「有る」を相手として生まれました。また、難しさと易しさも同じです。

このように、相対的な価値を絶対視するところに人の特性があり、そこから偏見や独善といった心が生じ、それが先入観となって対立や競争心が芽生えてくるのです。これではとても穏やかな生活は期待できません。

さらに**「長《ちょう》と短《たん》と相い形《あら》われ、高《こう》と下《げ》と相い傾《かたむ》く**（物事の長短、高低は、ともに相対的に認識されるものである）」とも述べています（第二章）。

問題なのは、高・長を評価し、短・低を劣ったものと考えて優越感や劣等感を味わい、一喜一憂することです。比較して物事を決めるのはいいとしても、それを絶対の基準にしてしまうのは、果たして正しい生き方といえるのでしょうか。しかし、世間ではいつとはなしに、その価値が常識として決まり事のように横行しています。

また「**前《ぜん》と後《ご》と相い随《したが》う**」とも述べています（第二章）。

「前後の関係は世の常だ」というのです。少しでも早く目的地に行って有利なポジションを得たいと思い、できるだけ行列の前のほうに並ぶことを望むのは人情です。しかし、人生、前を歩く人があれば後ろからついていく人もあるのですから、前後にあまりとらわれないほうが気楽に生きていくことができるのではないか、と老子は教えているのです。このようにいわれると、少し気持ちが楽になるでしょう。

こうして見てくると、先ほどの「名の名とすべきは、常の名にあらず」ということばに籠められた老子の真意が少しはっきりとしてきたのではないでしょうか。

これらのことばから分かるように、老子は「真実の道」に従って世俗の常識に振り回されることなく、自然体で気楽に生きていくことによって、人が本来持っている真の力を発揮し、和を実現することができると教えているのです。

4．他人の意見に振り回されずに生きる

問い　現代の競争社会に生きていると常に何者かに追われているようで、ゆっくりし

た気分になれません。何かいい知恵はないでしょうか。

第一に衝動的な欲望の刺激を少なくする

今の時代、年齢を問わず、誰もが多かれ少なかれ、そのような漠然とした不安を抱えています。「時代の流れに逆らうな」と老子は教えていますが、競争社会に巻き込まれていく人の心理について面白いことを指摘していますので、紹介しましょう。これらのことばは、現代にも十分通用すると思います。

たとえば、実際に現場で厳しい仕事に従事している人は十分な評価を得ることができず、口達者な知識人（賢者）がもてはやされるのは世の常です。そうすると、汗水流して働く人は馬鹿らしくなって、持ち場を放棄し、楽に生きようとします。

これについて老子はこう指摘します。

「賢《けん》を尚《たっと》ばざれば、民《たみ》をして争わざらしむ」（第三章）。

「賢」とは、賢人のことで、実際に現場で働くことなく、知識や口舌《こうぜつ》によって人びとの注目を集めている小賢しい人を指します。
つまり、上に立つ人（影響力のある人）が口達者な賢人を身びいきして特別扱いすることをしなければ、人々は無意味な競争に熱を上げることもなく、穏やかに生活するようになるのです。

「得難《えがた》きの貨《か》を貴《たっと》ばざれば、民をして盗みを為《な》さざらしむ」（第三章）。

「得難きの貨」とは、手に入りにくい贅沢品、希少性のある珍品のことです。また「盗み」とは、泥棒に象徴されるように他人の迷惑を顧みないで自分の利益のみを考える言動をいいます。
生活する上ではさほど価値のあるものとは思えない贅沢品や希少価値のあるものがむやみに貴重品として扱われると、人々はそれらを不正な手段を使ってでも手に入れ、贅沢な生活をしようと企てます。上に立つ人がこれらのものに高値を付けないようにすれば、人びとは狡知をめぐらすこともなく、平穏に生活することができるようになるのです。

「欲《ほっ》する可《ところ》（所）を見《しめ》（示）さざれば、民の心をして乱れざらしむ」（第三章）。

「欲するところ」とは、人の欲望や興味の対象となりうるすべてのもののことです。思わず手に入れたくなるようなものを見せつけられると、誰にでも欲望が湧いてきます。そして、その欲望が容易に果たせないとなると、腕ずくでも手に入れようと画策します。上に立つ人が皆の欲しがるようなものを見せびらかさなければ、人々の心が欲望の虜になって心が乱れることなどなくなるのです。

このように老子は徹底して衝動的な欲望の刺激を少なくし、各自が心の和を実現することによって、人が本来持っている真の力を引き出すことができると考えたのです。それを示したのが次のことばです。

「聖人の治《ち》は、其の心を虚《むな》しくして、其の腹を実《み》たす」（第三章）。

「心」とは、自分のことを中心に考えて行動する本能のこと。また「腹を実たし」とは、腹いっぱいに食べること。生命を尊び、実生活に根ざした根源的な満足感をいいます。

つまり、真の指導者は、心をまどわし、虚栄心を懐かせるようなことをしないので、人々は周りの人の意見に振り回されることもなく、欲望によって心を悩ますこともなく、平凡な生活の中に実質的な満足を得ることができるというのです。

しかし、競争社会をなくすための根本的な解決法を提示した老子は、一方で、方円の器に順う水のように眼前の競争社会の中でいかに穏やかに生活を営むかを説いていることを見落としてはなりません。

5. 文化の発達と人びとの困惑——社会の動向といかに和するか

問い　文化の発達は必ずしも私たちの安心に結びつかず、かえって不安が増幅していくように思えます。老子は文化の発達とか社会の動向に対しても和していくことを説いているのですか。

度を越した規則や便利さが社会を混乱させる

世の中の混乱や人々の不安は、人の懐く功名心や虚栄心に起因するものですが、その私心を起こす外因は社会の風潮にあります。老子は時代が進歩し人びとが競争社会に巻き込まれていくことを嘆いて、次のように述べています。

「天下に忌諱《きき》多くして、民弥々《いよいよ》貧しく、民に利器《りき》多くして、国家滋々《ますます》昏《みだ》る」（第五十七章）。

「忌諱」とは、忌み嫌い、畏れること。ここでは厳しい法令や禁令をいいます。「利器」とは、便利な道具のことです。

集団の秩序を保つためには規則が必要です。しかし、法令や規則が多くなると、官吏を増やさなければなりません。そして、特権を与えられ、それを乱用する人が出てくると、人びとを苦しませる結果となります。

さらに、上に立つ人が事細かに指示をし、ルールを厳しくすると、部下は仕事への意欲をそがれ、仕事の効率も低下し、人びとは物心ともに貧しくなります。つまり、「あれをやってはだめ、これをやってはだめ」という規則が増えていくと、人々のやる気がどんどん失せ、心が貧しくなっていくのです。

また、人びとの間で便利な道具が多く使われるようになると生活は便利になりますが、何事も効率を求めるようになり、ますます競争社会を助長していくことになります。そこで多くの人が競争に巻き込まれて、自分を見失い、ますます国内は混迷してしまいます。

法律や制度の整備、生活を便利にするための機器の発明は人びとの生活の安全と豊かさをめざすものです。しかし、度を越してしまうと、かえって社会を混乱させ、人々を欲望のとりこにしてしまうのです。ここで老子は、文化の発達の「負」の側面に注目しています。これが時代の動向、社会の風潮との不和ということです。

この傾向はとどまるところを知らず、しまいには人びとを犯罪へと導いていくと老子は指摘しています。

「民に智慧《ちえ》多くして、邪事《じゃじ》滋々起こり、法令滋々《ほうれいますます》彰らかにして、盗賊《とうぞく》多く有り。」（第五十七章）。

ここにある「智慧」とは小賢しい知恵者を意味しています。つまり、人びとの間で目先の知恵がもてはやされ、人びとがそれにまどわされてしまうようになると、悪事がはびこり、不和な社会をつくり、人びとの心も不和となるというのです。

そして、物質が豊かになり、生活に貧富の差が出てくると、盗賊が横行するので、それを取り締まるための法令が整備されます。しかし、その法令が厳しく、また細かくなればなるほど、法の網目を潜り抜ける悪人もますます増えていくことになるというのです。

これら老子の意見は二千年以上前のものですから、文明の利器といっても素朴なものです。しかし、たとえ未開の道具であったとしても、それを利用する人々の感覚は時代を超えた普遍的なものなのです。

上に立つ人に求められるおおらかさ

では、それに対して私たちはどう対処すればいいのでしょうか。老子は次のように述べています。

「我れ無為にして民自《おのずか》ら化し、我れ静《せい》を好みて民自ら正しく、我れ無事にして民自ら富み、我れ無欲にして民自ら樸《ぼく》なりと」（第五十七章）。

無駄な知恵をもてはやし、むやみに法令の整備に努め、人びとを規制することは、結局、社会を混乱させるのみです。指導的な立場の人がことさら画策をしない無為の立場を守っているならば、それによって人びとは目先の利益にとらわれず、狡知をめぐらすこともなく、純朴な資質を活かして和を実現するので世の中は自然に治まっていきます。

社会の発展に目を奪われ、多くの人が目先の利益を追い求めるようになると、社会全体が冷静さを失ってしまいます。しかし、そこで指導的な立場にいる人が常に平静であることを大切にしているならば、人びとは本来持っていた純朴さを取り戻し、自然に正しい生活をするようになるというわけです。

「法令」や「利器」は生活していく上で不可欠なものです。老子は文明の進歩の「負」の要素に注目したのであって、単純にそれらは意味がないとしているのではありません。「法令」を施行し、「利器」を手に入れる人のあり方を問題にしているのです。

そこで、**「其《そ》の政《まつりごと》悶悶《もんもん》たれば、其の民は淳淳《じゅんじゅん》たり。其の政察察《さっさつ》たれば、其の民は欠欠《けつけつ》たり」**と述べています（第五十八章）。

「悶悶」とは、心が静かで、ゆったりとした状態。「淳淳」とは、素朴で人情味があること。「察察」とは、細かいところまで察知していること。「欠欠」とは、欠け破れること。不満や不足の心が顕著で、人びとが本来持っている純朴さを失っている様子です。

つまり、上に立つ人が自然に身をゆだねて、おおらかでゆったりとしていて、いろいろと干渉しなければ、人々は純朴で人情に厚く、落ち着いた生活をするようになります。しかし上に立つ人が部下のすることに対してやたらに干渉し、些細なことで優劣を評価するようになると、人々は不満や不足の思いを募らせ、平穏な生活を見失ってしまいます。

言いかえるならば、上に立つ人が格別な事業を画策せず、真実の道に従っているならば、人びとは自分の意思で立ち上がり生業に励むので、自然に裕福になります。さらに、上に立つ人が私利私欲にとらわれず、無欲で質素な生き方をしているならば、人びとはそれに感化されて自然に本来の純朴さを取り戻します。そして、法令を遵守し、利器を正しく活用して、真に穏やかで豊かな生活を送るというわけです。

上に立つ人を社会に影響を及ぼす立場にいる人、民をそれによって影響を受ける人と置きかえると、このことばは現代社会に対する根本的な警告として受け止めることができるでしょう。

不安を感じることは生きている証しとなる

しかし、時代の動向とか、上に立つ人とのめぐり合いは運命的なものであって、人の力ではどうすることもできません。もしも時代が乱世であり、上に立つ人が暗愚であるならば、不運として現状を受け入れるほかはないのです。この憤りや不安は時代を超えて今もなお存在しています。

では、その憤りや不安とどのように和していけばいいのでしょうか？

人生において禍福は度重なってやってきます。禍《わざわい》に気をとられ、日々悶々と過ごすことがあります。これは生きている以上避けることのできないことであっても、精神的な不和の一因となることは確かです。老子は次のように述べています。

「禍《わざわ》いは福《ふく》の倚《よ》る所、福は禍いの伏《ふ》す所。孰《た》れか其の極《きょく》を知らん。其れ正《せい》無きか。正は復《ま》た奇《き》と為《な》り、善は復た妖《よう》と為る。人の迷えるや、其の日固《もと》より久し」（第五十八章）。

「極」とは、帰するところ、あるいは行き着くところを意味します。

災禍があれば、そこに幸福も寄り添っていますし、幸福があれば、そこに災禍も隠れています。禍福が絶えず入れ替わりめぐってくるのは世の常です。この瞬間の行き着くところなど誰にも分かりません。時代が変わると、それまで評価され大切にされていたことが時代遅れとして避けられるようになり、それまで正しいとされてきたことが間違っていたことになるケースもあります。

実はここに、道の働きの真相が隠れているのですが、ほとんどの人はそれに気づくことなく、眼前の出来事に翻弄《ほんろう》され、不安を懐き迷い続けるのです。このような不安や迷いは、もう大昔からのことなのです、と老子はいっています。

迷い、そして不安を懐くということは普遍的なことであって、決して取り除くことはできないという老子のことばは、私たちに一つの安心を与えます。不安は取り除けないとすれば、それと共生し、和していくしかないのです。不安になった時、「真実の道」という意識を懐くことによって、次から次へと湧いてくる心の動揺を、生きていくエネルギーに換えることができるのです。

すなわち、不安そのものが生きていることの証しとなるのです。これは、運命や現在の境遇と和するということです。

人間関係における「和」以外に、時代の流れや社会の動向との「和」、与えられた運命や境遇との「和」があり、今まで紹介してきたように心の中の和もあるのです。
私は「和」とはすべての事象と「穏やかに折り合う」ことであると解釈しています。

三――母親の人間力

1．和の原点を女性の生き方に学ぶ

問い　老子は女性固有の価値観を指導者としての心得として重視したといわれます。
これについて、もう少し詳しく教えてください。

謙虚さはリーダーに欠かせない条件

老子は徹底して女性が持っている静けさや穏やかさが和をもたらす原点であるとしています。ただし、この場合の「女性」というのは、「母親」と解釈したほうが分か

りやすいでしょう。

老子は、母親の生き方のどのような面を評価しているのでしょうか。まず次のことばを挙げてみたいと思います。

「大国は下流なり。天下の交《こう》、天下の牝《ひん》なり。牝は常に静《せい》を以て牡《ぼ》に勝つ。静を以て下《くだ》ることを為《な》すなり。（中略）**各々《おのおの》其の欲する所を得んとせば、大なる者宜《よろ》しく下ることを為すべし」**（第六十一章）。

大きな国というものは、川にたとえるなら下流や海です。下流や海は最も低いところにあるために、すべての川の水が交わり集まってきます。それは家にいて家族の帰りを待ち、家族の安全を祈る母のような存在です。

そして、女性は常に静けさを守っているので敵と争うことはありません。その穏やかで静かにへりくだる姿は、結局、男性的な強さをいつとはなしに包み込んでしまいます。老子はこれをもって、母親の偉大さは大河の下流や大海になぞらえることができるとしたのです。

老子は戦乱に明け暮れる現実社会を直視し、母親の持つ実生活に根ざした力強さに期待を寄せました。そこで、リーダーとして所期の目的を遂げるためには、まず上の立場にいる者がすべてのものを受け入れる母親のごとき謙虚さを持つことが肝心であると指し示したのです。

2. 母親の気遣いを我が心とする

問い　老子の考え方は実に穏やかですね。その穏やかさが〝母親的〟と見なされるのでしょうか。

この世のすべては母親に懐かれる子として存在している

私たちはこれまでに多くの人の影響を受けてきました。今日の自分は大きく分けて、叱咤激励する父親的な指導と、何事も受け入れる母親的な抱擁の二つの要因によって形成されています。

頑張って挑戦しようという時は、父親の激励が必要です。しかし、思うように結果を出すことができなかった時、母親の慰めによって再度チャレンジしたいという気概が湧いてくるものです。

そして老子は、母親のような存在こそがこの世の中に和を招来すると確信していました。

いわく、**「天下に始め有り、以《もっ》て天下の母と為《な》すべし。既《すで》に其の母を得《え》て、以て其の子を知る。既に其の子を知り、復《ま》た其の母を守らば、身を没《お》うるまで殆《あや》うからず」**（第五十二章）。

森羅万象には、すべてその始まりというものがあります。その始まりをすべてのものの母とすべきです。このことが理解されると、この世のすべてのものは母に懐かれる子として存在していることがわかります。

そして、その子としての立場から、母の気遣いを自らの心として穏やかに物事に対処していくならば、死ぬまで危険な目に遭うことはない、つまり、和をもって自らの人生をまっとうすることができるのです。

このことを念頭に置きながら、老子のことばに耳を傾けてみましょう。老子のことばは時に意表をつくものであったり、いわれてみればもっともだと感じたりと多彩です。しかし、いわれてみないと分からなかったということばが実に多いのです。

3. 母親に学ぶ処世の術

問い　母親の生き方からはどのような教えが導かれるのですか。

『老子』第六十三章にあることばを取り上げながら、それについて学んでいきましょう。

「無為《むい》を為《な》し、無事《ぶじ》を事《こと》とし、無味《むみ》を味《あじ》わう」（第六十三章）。

「無為」とは、作為的に物事を判断しないこと、目立たない無私の言動。「無事」とは、人びとの平静な心を乱さない行為。「無味」とは素材の持つ味わいを意味します。

道を求める人は常に作為的に振る舞うことのないように心がけ、人びとの関心を惹くような奇抜な行動をせず、素材を味わうような穏やかな姿勢を保ち、その言動を努めて淡白にすることを心がけています。そうしているうちに、「真実の道」が心の中に修まり、穏やかな心境が開け、心の中に和が実現していくと同時に、周りの人との関係も和していきます。

「小《しょう》を大《だい》とし少《しょう》を多《た》とす」（第六十三章）。

人生の達人は、小事であっても大事となる兆しとして丹念に事を運び、数の少ないものであってもやがて多くなるものとして丁重に対応します。事の大小を問わず、万全を期して大事に至る前に慎重に事を運ぶことを心がけているため、不慮の出来事と穏やかに折り合っていく（和する）ことができるのです。

「怨《うら》みに報《むく》ゆるに徳《とく》を以《もっ》てす」（第六十三章）。

人生の達人は、たとえ誤解から恨みを買うようなことがあったとしても、寛容な心をもって恩恵を施すという態度で対応します。そうすれば、円満に物事が処理され、和が実現します。これは、父親によって勘当された息子を全身で受け入れていく母親のような心境です。

「難《かた》きを其の易《やす》きに図《はか》り、大を其の細《さい》（小）に為《な》す」（第六十三章）。

人生の達人は、難しいことは、それがまだ易しいうちによく考え、大きなことは、それが大事とならないまだ小さいうちに人知れず手を打っておきます。このようにして、周りに起きる出来事と常に和していくのです。

「天下の難事《なんじ》は必ず易きより作《お》(起)こり、天下の大事は必ず細より作こる」(第六十三章)。

天下の難問題も、必ずちょっとした簡単なことから起こるものです。また、天下の大事件も、必ずちょっとした小さなことから起こるものです。人生の達人は、このことを心得ているので、何事に対しても気を引き締めて慎重に対応し、万全を期して和を実現していきます。

「軽諾《けいだく》は必ず信寡《すく》なし」(第六十三章)。

「軽諾」とは、先のことを考えずに安請け合いすることです。何事も安請け合いをすると確信をもって引き受けたのではないので、予想外のことが頻発し、約束を果たすことができなくなり、結局信頼を失います。信頼は人間関係における和の原点です。

「易多ければ、必ず難《なん》多し」（第六十三章）。

「易」とは、物事を安直に考えることです。いいかげんで安易なものの考え方をしていると、はじめは簡単であると思われたことが後に困難であったことが分かり、進退窮まるような難儀な事柄が頻発して、結局物事を成就させることができません。信用をなくし、不和な関係になってしまいます。

さらに和を実現するための備えとしては、繊細な配慮と気長な取り組みが必要であり、何事も思い通りの結果を得るためには、それ相応の準備と配慮が不可欠であるとして、老子は次のように述べています。

「其《そ》の安きは持《じ》し易《やす》し、其の未《いま》だ兆《きざ》さざるは謀《はか》り易し。其の脆《もろ》きは泮《と》かし易し、其の微《び》なるは散らし易し。これを未だ有らざるに為《な》し、これを未だ乱れざるに治《おさ》む」（第六十四章）。

安定しているうちは、それを維持することがたやすく、兆しの現れないうちは、それを処理しやすいものです。したがって、真の指導者は常に事前の対策を考慮しています。また脆いうちはそれを溶かしやすく、微かなうちはそれを消しやすいものです。したがって、真の指導者は事が大きくならないうちに手を打っておきます。

つまり、真の指導者は、問題が表面化しないうちにそれを予見して処理し、まだ混乱しないうちにそれを予見して事前に収束することを心がけるというのです。

このように、あらゆる情況に対応して周到に準備する指導者（人生の達人）像からは、家事の万般にわたり周到であって家を守る母親的なものを容易にイメージすることができるでしょう。

4. リーダーに求められる人間力

問い　老子のいう人生の達人とは、母親の持つ力強さを身につけた人であり、そういう人が真のリーダーとしての資質を持っているということなのでしょうか。老子の考える〝人の上に立つ人の心がけ〟について、もう少し教えてください。

すべてが静寂の中で和するように取り計らう

リーダーとして志を懐き、事を成就し、責務を全うするための秘訣として、老子は次のように述べています。

「合抱《ごうほう》の木も毫末《ごうまつ》より生じ、九層の台も累土《るいど》より起こり、千里の行も足下《そっか》より始まる。（中略）**終わりを慎《つつし》むこと始めの如くなれば、則《すなわ》ち事を敗ること無し」**（第六十四章）。

一抱えもある大木も、毛先ほどの小さな芽から生まれたのです。九層の高台も一抱えの盛り土の積み上げによってできたものですし、千里の遠い旅も足元の一歩から始まるのです。すべてのものは長い時間と不断の努力の積み重ねによってできあがっています。速成を望むことは道に外れた行為です。

さらに物事が完成しそうになったところで油断し、失敗してしまうことがあります。始める時と同じように、終わり際まで慎重にしたならば、仕事を途中で放棄し、失敗することはないのです。

リーダーという立場は、人一倍プレッシャーを感じ、時には投げ出したくなるような場合もあります。そんな時、この老子のことばを思い出したいものです。

さらに、上に立つ人のあり方について、老子は聖人をモデルとして次のように戒めています。

「聖人は欲《ほっ》せざるを欲して、得《え》難《がた》きの貨《か》を貴《たっと》ばず、学ばざるを学びとして、衆人の過ぎたる所を復し、以て万物の自然を輔《たす》けて、而して敢《あ》えて為さず」（第六十四章）。

道を体得した人は、人びとが目先の欲望にとらわれて財貨や名誉、地位を欲するようなことはなく、反対に人びとがあまり関心を寄せない質素で目立たない生活を大切にします。人びとが無意味な欲望を懐くことがないように配慮し、手に入りにくい珍品などを貴んだりしません。そして、人々が名利のための学問を修めることのないように、またかたよった知識を正常にもどし、すべてのものが自然に恵みを享受し、自然に発育し発展を遂げることを望み、自分から物事を画策するようなことは決してしません。

これは聖人が身をもって示した、物事を穏やかに平和裏に処理していくための心得です。

「古《いにし》えの善《よ》く道《みち》を為《な》す者は、以《もっ》て民《たみ》を明らかにするに非《あら》ず、将《まさ》に以てこれを愚《おろ》かにせんとす」（第六十五章）。

昔の「道」を立派に修めた指導者は、知識を与えることによって人びとを功利的な方向へと導いたりはしませんでした。むしろいつまでも本来の純朴さを失わないように愚直に生きることによって真実の道に近づくことを示唆し、一人一人が心穏やかに生活することを理想としたのです。

これらは和するための基本的な心がけです。老子は、戦って勝ちを得るのではなく、あくまで気を長く持ち、そして、静寂のうちに地道に生きていくことを大切にしていきます。

和の実現はリーダーの心得次第

私たちは日常生活の中で主《あるじ》・長《おさ》・頭《かしら》など主催者としての顔を持つことがあります。グループ活動ならば、メンバーに対するリーダーの立場です。老子は和を実現するために、主の立場にいる人たちのあり方に期待を寄せました。和を実現できるか否かはひとえにリーダーの資質にかかっていると考えたからです。

そこで**「江海《こうかい》の能《よ》く百谷《ひゃっこく》の王たる所以《ゆえん》の者は、其の善《よ》くこれに下《くだ》るを以《もっ》て、故に能く百谷の王たり」**と述べています（第六十六章）。

大河や大海が幾百もの河川を集めて、その王として君臨し、無限の水をたたえているのは、それらがどの川や谷よりも低い位置にあるからである、というのです。これは、指導者として多くの人を導く場合の最も大切な心得を示唆しています。

次に**「民に上《かみ》たらんと欲《ほっ》すれば、必ず言《げん》を以《もっ》てこれに下る」**とあります（第六十六章）。

指導者となって人びとの上に立ちたいと望むならば、必ず自分のことばを慎み、謙虚な心をもって人にへりくだることです。指導的な立場にいる人の一言一句は、善きにつけ悪しきにつけ大きな影響を与え、暴言や失言は命取りになります。

さらに**「民に先《さき》んぜんと欲すれば、必ず身《み》を以《もっ》てこれに後《おく》る」**（第六十六章）。

指導者となって人びとの先頭に立ちたいと望むのならば、必ず自分の言動をひかえて、人々を後方から支援していくことです。後方に立つことによってすべての人を見守ることができます。これはちょうど船尾に立って船を操る船頭のようなものです。

そして、最も大切なこととして次のように述べます。

「聖人は、上《かみ》に処《お》るも而《しか》も民は重しとせず、前《まえ》に処るも而も民は害とせず」（第六十六章）。

リーダーとして最も配慮しなければならないことは、あなたが上にいたとしても人びとに威圧を感じさせることなく、その存在を重荷と感じさせないことです。また、あなたが前面に立っていたとしても妨げになると感じさせないことです。

このような心得と配慮ができたならば、人の上に立って和を実現することができるでしょう。そして、部下たちも心穏やかに存分に持ち味を発揮してくれるものだ、と老子はいいます。

これらのことばは寛容で物事を平和裏に解決していくことを信条とする母親的な生き方を善しとするものであり、乱世を生き抜くためには、一人一人が母親の生き方に学べといっているように聞こえます。

第五章

「人生の達人」をめざす

――もっと謙虚に

和を体現した人

五官で把握することもできず、ことばで表現することもできない「真実の道」の存在を人々に知らせるために、老子は「真実の道」を体現している人や、その道を志し、実践している人の様子をいろいろな角度から説明しています。

「真実の道」を体現した人についての老子の説明には、私たちが現代社会を注視し、人生とは何かを考えるためのヒントが含まれています。

何よりも大切なのは、「真実の道」に照らして自問し、その道を志して生きることは、日々新たな世界を求めることであり、それは人としての進化であるとした点です。つまり、老子は文化の進歩に伴って人も進化しなければならないとしているのです。この点を見落としてはなりません。

「真実の道」を自覚し和を体現することは「人としての進化」であるということを常に念頭に置いて、老子のことばに耳を傾けてみたいと思います。

一——人生の達人とは

1．無為であること

問い 「真実の道」を体得した人について老子はどのように説明しているのですか。

ただひたすら道に従って行動する

すでに述べたように、老子は「聖人」ということばを用いています。聖人は孔子も用いていることばですが、孔子の場合は、中国の古代にあって徳の高い王（聖王）を指しています。一方、老子は、「真実の道」を体得し乱世を自然体で生き抜く人生の達人（真の指導者）という意味で用いています。

まず老子は**「聖人は、無為《むい》の事に処《お》り、不言《ふげん》の教えを行なう」**といっています（第二章）。

真の指導者は、ことさらにあくせくと仕事をすることも、あれこれと指示することもありません。ちょうど大自然が万物を育てるように、人びとに分からないように物事を処理し、知らず知らずのうちに、感化し悟らせてしまうのです。

「不言の教え」とは、世間的に通用している教えではなく、ことばで表現できない「真実の道」のことです。「自然界の秩序」と言いかえてもいいでしょう。

さらに**「万物焉《ここ》に作《おこ》るも而《しか》も辞《ことば》せず、生《しょう》ずるも而も有とせず」**とあります（第二章）。「辞す」とは、ことばによってあれこれと指示し、干渉することです。また「有」とは、所有する、自分のものとして独占することをいいます。

真の指導者は、ひたすら道に従って行動するのみで、ことばであれこれと干渉することはありませんし、生み出し、創り出しても、その成果を所有しようとはしないというのです。

私たちは何かを成就した時、つい「自分がやった」とその功績を大勢の人に認めさせたくなります。しかし聖人はそうではないと老子はいいます。むしろメンバー各自が、自分の努力によって成就したと満足するように導くことが大切であるというのです。

次に**「為《な》すも而《しか》も恃《たの》まず。功《こう》成るも而も居《お》らず」**と続きます（第二章）。

「成す」とは、事業などを成功に導くことです。

真の指導者は、大きな仕事を成し遂げても自分の努力を誇ることなく、その功名にすがろうとせず、立派な成果を挙げることができても、その栄光に居座ることがないというのです。

そして聖人は**「夫《そ》れ唯《た》だ居《お》らず、是《ここ》を以《もっ》て去らず」**（第二章）。

真の指導者は栄光の座に居座ろうとしないので、かえってその栄光がいつまでも語り継がれるのです。栄光を自負し、それに執着した瞬間から勝者としての輝きを失い、指導者としての資格を失ってしまうのです。

「真実の道」を志す理想的な人格というのは、謙譲の心を持ち、徹底して謙虚なのです。この謙虚さを「柔弱謙下《じゅうじゃくけんか》」（荘子）というのですが、ここに凡人と聖人の根本的な違いがあります。大自然の働きは無言で作為がなく、営々と活動していることを模範としているのです。

また、老子は次のようにも述べています。

「聖人は積まず。既《ことごと》（尽）く以《もっ》て人の為《た》めにして、己《おの》れは愈々《いよいよ》有り、既く以て人に与えて、己れは愈々多し。天の道は、利して而《しか》して害せず、聖人の道は、為《な》して而して争わず」（第八十一章）。

人生の達人はものを意図的にため込んだりしません。何もかもすべて人のために施しながら、かえって自然に、ますます保有することになるのです。また何もかも人に与えながら、かえって自分はますます豊かになります。天の道はすべてのものに利益を与えても、害を与えることはありません。人生の達人は、いろいろなことを行う時も、決して他人と争ったり、他人を傷つけることはありません。

和を実現するためには、無心になって人様のために力を尽くすことです。何もしないで和することはありえないのです。これは自然界の法則であり、聖人が身をもって示した和を志すことの効果です。

2. 状況の変化に応じて、常に新鮮さを保つ

問い　道を体得した人について、老子はほかに何かいっていますか。

徹底して慎重に振る舞い、隙のない人

老子はまず、**「孔徳《こうとく》の容《よう》は、惟《た》だ道《みち》に是《こ》れ従《したが》う」**と述べています（第二十一章）。「孔徳の容」の孔は大の意味、容は容貌です。大いなる徳を修めた人の容貌や生き方を意味しています。

偉大な「徳」を備えた人のありさまは、ただひたすらに「道」に従って生きているだけなのです。努力して獲得しようとか、意図的に時代に合わせようとかすることなしに、ちょうど水が方円の器にまかせて形を自在に変えていくように、無私の心で道に従って生きているのです。

私たちは本来、自然体で生活していたはずなのですが、体面とか肩書を意識するようになった時から不自然な生き方をするようになったのです。

さらに、**「古《いにし》えの善《よ》く道を為《な》す者は、微妙玄通《びみょうげんつう》、深くして識《し》るべからず」**といいます（第十五章）。

「微妙玄通」とは、「かすかであるが美しく、奥深くあらゆるものに通じている」という道の働きを述べたものですが、同時に、道を体得した人のあり方を表現していま

す。

つまり、太古の時代の真実の道を体得した人は、その生き方が目立つことなく、しかもその心が道の働きの奥深いところに通じています。そして、その心の奥はあまりに深くて、とても計り知ることができないのです。

しかし、その言動は知ることができると老子はいい、道を体得した人生の達人について次のように述べます。

「予《よ》として冬に川を渉《わた》るが若《ごと》し」（第十五章）。

「予」とは、疑い、ためらうことです。道を修得した人は、あたかも冬の冷たい川を前にして、渡るべきかやめるべきかとためらい迷うように、何事に対してもおずおずと徹底して慎重に対応します。

次に**「猶《ゆう》として四隣《しりん》を畏《おそ》るるが若《ごと》し」**（第十五章）。

「猶」とは、疑い、警戒するありさまです。「四隣」とは、周りを囲む隣国、周囲の敵国のことです。

人生の達人は何事をするにしても、四方から敵が襲来してくるのを恐れているかのように、ぐずぐずと足踏みし、畏れているような生き方をするのです。つまり、何事に対しても徹底して注意深く行動するということです。

さらに**「儼《げん》として其《そ》れ客の若《ごと》く、渙《かん》として冰《こおり》の将《まさ》に釈《と》けんとするが若し」**（第十五章）。

「儼」とは、厳《おごそ》かでうやうやしい様子。「渙」とは、溶けること、あるいは散ること。

人生の達人は、きりっとして威儀を正し、初めて来訪した客人のように厳粛です。何事にも慎重に対応し、隙がないのです。しかし彼は、周りの人を刺激するような極端な言動を避け、何事に対しても氷が解ける時のように自然に周囲に溶け込み、馴染んでいます。

続いて**「敦《とん》として其《そ》れ樸《ぼく》の若し」**（第十五章）。

「敦」とは、生まじめで篤実な人柄です。人生の達人は、何事も生まじめに対応し、まるで削る前の樸《あらき》のように純朴です。知識をひけらかしたり、狡知をめぐらすような小賢しい態度は一切とりません。

客人としての礼儀正しさと、周りの人に気を使わせない純朴な穏やかさとを併せ持っている人は、初対面であっても心和むものです。

人生の達人の人間像

その人間像について、老子は次のようにいっています。

「曠《こう》として其《そ》れ谷の若《ごと》く、混《こん》として其れ濁《にご》れるが若し。孰《たれ》か能《よ》く濁りて以《もっ》てこれを静かにして徐《おもむ》ろに清《す》まん。孰か能く安らかにして以てこれを動かして徐ろに生《しょう》ぜん」（第十五章）。

人生の達人は、からりと虚しくて（曠）、何者をも受け入れてしまう、静まり返る深い谷間のようにゆったりとしていて、無心であり、世俗の混沌とした状態（混）にあって濁り水のようにどんよりと馴染んでいます。つまり、無心で飾り気がないので、その身が穢《けが》れることはなく、世俗の塵に同化し自然体で清らかに生きているというのです。

そして曖昧で濁っているように見えますが、じっと「真実の道」に倣った静寂さを保っているので、いつの間にか周囲が清らかになっていきます。

また安定してじっとしているように見えますが、やがて周囲の人びとが動き出し、新たな局面を創り出していきます。

道を体得した人生の達人は、このような大きな感化力を持っているというのです。

「此の道を保《たも》つ者は、盈《み》つるを欲《ほっ》せず。夫《そ》れ唯《た》だ盈つるを欲せず、故に能《よ》く蔽《やぶ》（敝）れて而《しか》も新たに成《な》る」（第十五章）。

「盈」とは、私欲を満足させること。「蔽」とは、破れる、疲れるという意味です。

つまり、道を求めて精進している人は、道に対して絶大な確信を懐き、常に自然界のありさまに倣おうとしているので、何事に対してもいっぱいになるまで満ちることを望みません。たとえ躓《つまず》くことがあったとしても、常にほどほどのところで余裕をもって対処し、常に新鮮な感覚で生活しているのです。

要するに、道を求めて精進している人は、そもそも私欲にまかせていっぱいにまで満たそうとせず、無理をしてまで満足を味わおうとしないのです。そして、たとえ疲れても、ゆっくりと時間をかけて時の流れの中で回復し、時宜《じぎ》を待って新しい局面を切り開いていきます。人生の達人は状況の変化に応じ、日々新たに自らを高めようと自然体で努力しているため、その姿が新鮮で周囲に和をもたらすのです。そこで次のように述べています。

「得《え》て親《した》しむべからず、得て疎《うと》んずべからず。得て利すべからず、得て害すべからず。得て貴《たっと》くすべからず、得て賤《いや》しくすべからず。故に天下の貴きものと為《な》る」（第五十六章）。

道を体得した人はすべての人を平等に見るので、特別に近づいて馴れ馴れしく親しむこともできなければ、疎遠にすることもできません。また利害の打算をしないので、利益を与えることもできなければ、損害を与えることもできません。さらに社会的な地位とか名誉にとらわれないので、貴い位に就けて諂《へつら》うこともできなければ、低い身分に貶《おとし》めることもできないのです。だからこそ、世界中で最も貴いものなのです。

すなわち「真実の道」を体得した人は、ゆったりとしているけれども隙がなく、何もしないようでいて周りの人が変わっていく、そして何よりも無理なく自然体で物事を完成に導くのです。ゆったりとしているので近づきやすく、何もしないような態度をとっているので周囲の人はプレッシャーを感じることなく、無理のない生き方に人々は安心を得て、自らの力を存分に発揮でき、充実した日々を送り、人生の和を体現することができるというわけです。

3．「道」を体現した人の偉大さ

問い　「真実の道」は、それを体得した人物を通して理解することしかできないという話でしたが、その人の偉大さはどのような言動として現れるのでしょうか。

『老子』の中には、いろいろな方面から真実の道を体得した人の姿が説かれていますが、その言動や人格の偉大さについて述べたことばを紹介しましょう。

「善《よ》く行くものは轍迹《てっせき》なし。善く言うものは瑕謫《かたく》なし」（第二十七章）。

「轍迹」とは、車の通った痕跡、行動した業績や足跡。「瑕謫」の瑕は玉についたキズ、謫は失言の意味です。

真実の道を志す真の指導者は、ちょうど大自然が万物を生成するといった大きな仕事をしてもその痕跡を一切残さないように、人知れず努力し、無言のうちに人びとを感化し、その足跡を一切残しません。また、その発言には機を衒《てら》うようなワザとらしさがなく、相手を批判攻撃したり、また失言したりすることもありません。したがって、聴く人の心を動揺させたり感情を傷つけたりすることもなく、そのことばが自然に心に染み通っていくのです。

「善《よ》く数うるものは籌策《ちゅうさく》を用いず。善く閉《と》ざすものは、関楗《かんけん》なくして而《しか》も開くべからず。善く結ぶものは、縄約《じょうやく》なくして而も解《と》くべからず」

（第二十七章）。

「籌策」とは、昔の計算をするための道具。「縄約」とは、昔は綱を結ぶことによって約束を証したことから生まれたことばです。

真の指導者の政策は打算がないので、煩瑣《はんさ》な形式を一切必要としません。それは、あたかも計算をして決めたわけでもないのに四季の循環が乱れることなく展開し、星《せい》辰《しん》が秩序ある運行をしているようなもので、契約書などを交わさなくても自然にうまくいくのです。

また真の指導者の家の門は、鍵もかんぬきも使わないのに、誰も勝手に開けることはしません。その自然体の生き方や人びとを慈しむという心があるので、人びとはそもそも無断で入ろうと思わないのです。
さらに真の指導者は縄を用いて束縛したりしないのに、人びとが解放されて離れていくことはありません。人間関係も道にかなった結びつきならば、互いに無理や窮屈さを感じないため、そもそも解放されて自由になりたいと思わないのです。
このように真実の道を体現した人は、第三者から見て何の変哲もないのですが、彼の一挙一動は知らず知らずのうちに周囲の人びとに偉大な感化を与え、和を実現していきます。

「聖人は、常に善《よ》く人を救う、故に人を棄《す》つること無し。常に善く物を救う、故に物を棄つること無し」（第二十七章）。

真の指導者は人に対する絶対的な信頼を懐いていますので、うわべや前評判にとらわれることなく、一人一人の個性を尊重し、各自の力を引き出し、どのような人でも育てて活用します。よって、真の指導者の下ではどんな人でも役に立たないなどといって棄《す》てて顧みられない人は一人もいないのです。人々が集まってくるのも当然でしょう。

さらに私情をもって物事を判断しないので、いつも物をうまく活用することができます。そのため、どんな物でも役に立たないといって棄ててしまうことはありません。物事はすべて何らかの意味があって存在するのです。それを活かすことを考えずに棄ててしまうのは、道から外れた行為だと老子はいうのです。

二——人生の達人の生き方

1. 誤解されやすい人生の達人

問い　「其《そ》の光を和《やわら》げて、其の塵《ちり》に同《どう》ず」ということばが出てきましたが（本書二三三頁）、老子の説く真実の道を体得し、それに倣って日々生活する人は、どうも外見からはよくわからないため、誤解を招きやすいように思います。

確かに老子流の聖人は社会に自然に溶け込んでいますので、外見からはその偉大さが理解されず、往々にして誤解を招くことがあります。そこで老子は第四十章で、その誤解を解こうとしています。

「明道は昧《くら》きが若《ごと》し」（第四十章）。

「明道」とは、道に明らかに通じている人のことです。道に通じた人は、輝く自分の叡智《えいち》を内に潜ませ、外見は周囲の人に溶け込んでいるので、まるでぼんやりした人のように見えます。

「進道は退くが若《ごと》し」（第四十章）。

「進道」とは、真実の道に従って精進している人のことです。道を志して日々精進する人は、まず人を立て、自分を後に回すので、まるで引っ込み思案で人に後れをとっているかのように感じられるものです。

「夷道《いどう》は纇《らい》なるが若《ごと》し」（第四十章）。

「夷道」とは、平らと思われている自然の道。「纇」とは、糸に結んだコブで、平らかでないことを意味しています。

「道」は決して平坦ではなく、ごつごつと起伏があります。しかし、人生の達人はその起伏に逆らわずに自然に順応していくので、まるで平坦な道を歩んでいるように見えます。したがって何の努力もしないで人生を歩んでいるように思われてしまいます。

「上徳《じょうとく》は谷の若《ごと》し」（第四十章）。

「谷」とは、すべてのものが自然に集まってくることの象徴です。

徳の高い人に接すると、その応対のありさまは多くの河川が自然に集まってくる渓谷のように何事にも受け身で、消極的な姿勢を感じさせ、無節操でやる気がないように誤解されます。

「広徳は足らざるが若《ごと》し」（第四十章）。

「広徳」とは、あらゆるものを包み込む広い度量を持った人のことです。

道に従って広い度量を有する人は、すべてのものを受け入れ、またあらゆる人と対等にかかわっていくので、一見すると意志が弱く、主体性のない人のように感じられるものです。

「建徳は偸《おこた》（怠）るが若《ごと》し」（第四十章）。

「建徳」とは、立派な徳を持った人、しっかりと徳を体得した人のことです。立派な徳を体得している人のありさまは、悠然としているので、怠けているように見えることもあり、人に対して自力で更生するように仕向けるので、あたかも手を抜いているかのように感じられるものです。

「質真《しっしん》は渝《かわ》（変）るが若《ごと》し」（第四十章）。

「質真」とは、道を体得した質朴で純真な心を持った人のことです。道に従って質朴で純真な人は、どのような人も、どのような境遇をも受け入れてしまうので、一見すると、まるで気が変わりやすい人のように感じられるものです。

「大白《たいはく》は辱《じょく》（黷）なるが若《ごと》し」（第四十章）。

「大白」とは、道を体得した真に潔白な人のこと、「辱」とは穢《けが》れていることです。本当に潔癖な人は、外見を飾ることをせず、汚れた人の中に入って、目立たないようにしています。したがって、一見すると、うす汚れているように見えるものです。

以上、老子は真実の道を志す人の立場に立って、その目立たない言動の意義を説いています。

そして、まとめとして、老子はその人格の偉大さを**「大方《たいほう》は隅《かど》無し」**と説きました（第四十章）。「大方」とは、大きな箱。「隅」とは、大きさを限定する箱のかど（隅）のことです。

天地のように無限の大きさを持つ箱には隅がないので、無限に物を入れることができます。同じように、道を体得した人物の器も隅がないほど広大で、すべての人を受け入れることができるというのです。

人を理解するということは、こちらの価値観で評価し、その人となりを理解するのですから、当然誤解や曲解が生まれます。とくに大きな器の人物に出会った時など、とらえどころがなく、困惑してしまうことがあります。

老子はあえてこれらのことばを示して、道を体得した人に対する偏見をなくすヒントを示したのです。真実の道を体得した人に対する誤った理解は、私たちにとっての損失になるからです。

それぞれのことばを思い起こしながら、周りの人に目を向けてみてはどうでしょうか。真に偉大な人を見過ごしてしまっているかもしれません。

2. 和を体現した人の態度

問い　真実の道を体得した人はとらえどころがなく、誤解を受けやすいということでしたが、確かにその偉大さは常識ではとらえきれないように思います。

外見で、その人の中身まで見通すのは難しいことです。とくに「真実の道」を求め、あらゆることに和している人の偉大さは一見しただけでは分からないものです。こちらにその偉大さを感得するだけのセンスがなければ、到底理解できないものであり、ともすると誤解を招きかねないのです。

そこで老子は道を体得した人の誤解を解くために、その偉大さを、さらに次のように述べています。

「大成《たいせい》は欠《か》くるが若《ごと》く、其の用《よう》は弊《すた》れず」（第四十五章）。

「大成」とは、真に道を体得した人のことです。真に大成した人は、自ら未完成であることを自覚し、未完成な初心者のように常に自らを高めようと謙虚に努力していま す。そこで一見すると未熟者であるかのように見えるのです。

しかし、その懸命な努力を続けることが偉大な人物の証しであって、そのことによって、彼の働きはいつまでも衰えることがありません。自分の力を保つためには、ひたすら努力し続けるという謙虚な生き方が大切なのです。

「大盈《たいえい》は沖《むな》しきが若《ごと》く、其の用は窮《きわ》まらず」（第四十五章）。

「大盈」とは、徳が満ちている人、すなわち真実の道を体得した人格者のことです。

「沖」とは、空しいこと、道を体得した虚心な生き方を示しています。

彼は常に虚心です。したがって、度量が広く、すべてを受け入れてしまうので、一見すると主体性に欠けているように誤解されてしまいます。しかし、その人の持っている感化力は無限に広がり、いつまでも尽きることがありません。

「大直《たいちょく》は屈《くっ》するが若《ごと》し」(第四十五章)。

「直」とは、まっすぐに成長していくことです。大きくまっすぐに成長していく人は、一時、かがんだ姿勢をとることがあります。屈んでいるからといって怯《おび》えているのではなく、なまけているのでもありません。かがんだ姿勢をとるからこそ力を矯《た》め、大いに成長し続けるのです。競争社会において立ち止まってかがむためには強い意思と勇気が必要です。

「大功《たいこう》は拙《つた》なきが若《ごと》し」(第四十五章)。

「大功」とは、大きな功績を挙げた人をいいます。つまり、大きな功績を挙げるほどの人物は、常に謙虚な心をもって日々研鑽を積んでいるので、未熟ではないかと思われてしまうのです。

しかし、自分の未熟さと向かい合い、日々自分の技量の向上をめざしているので、失敗することがありません。そして、その積年の努力が大きな功績として実り、周りの人から評価されるのです。

「大弁《たいべん》は訥《とつ》なるが若《ごと》し」（第四十五章）。

真に雄弁な人は、人の心を開き、聴く人の程度や関心に配慮して自然と意思を伝えます。したがって、一見口数が少なく口下手であるかのように見えます。相手のことを考えないで雄弁に話す人は、たとえ正論を吐いていたとしても、その話し方においてすでに和を実現する道を逸脱しているのです。

このように道を体得した人の態度や生き方を示唆した老子は、まとめとして次のように述べています。

「躁《そう》は寒《かん》に勝ち、静は熱に勝つ。清静《せいせい》は天下の正《せい》たり」（第四十五章）。

寒い時は動き回ることによって、一時的に寒さを凌ぐことができます。暑い時は、静かにじっとしていることによって寒さを忍ぶことができます。環境の変化に対しては、こちらの対応のしかたが大切なのです。

しかし、真実の道に従って心身を平静に保つことができるならば、どのような状況に遭遇しても心穏やかに臨機に対応し、和していくことができます。

偉大な人格の持ち主は、その心が清らかで私心がなく、その「もの静かな」態度が人びとを啓発し、多くの人の人望を集めて主人（王）となることができるのです。心の清らかさと静けさとは、あらゆる困難に打ち勝って和を実現するための、人としての真の強さの源なのです。

三――人生の達人の信条

1．人生の達人が常に心がけていること――老子の三つの宝物

問い　老子はどのような自負を懐いて人生を送ったのでしょうか。

老子が自負した三つの宝物

老子は「母に食《やしな》（養）わるるを貴《たっと》ぶ」とその信条を述べています（本書一〇八頁参照）。さらに「私は大切な三つの宝物を持っている」と自負しています。次の部分です。

「我れに三宝《さんぼう》有り、持《じ》してこれを保《たも》つ。一に曰わく慈《じ》、二に曰わく倹《けん》、三に曰わく敢《あ》えて天下の先《さき》と為《な》らず」（第六十七章）。

「慈」とは他人に対する慈しみであり、それは大自然が万物を潤すかのごとき無私の心情をいいます。これは人との和を招来する心であると同時に、心の中の和を育むものです。老子によれば、「慈」の心は徳として誰もが生まれながらに持っている、人としての特性（徳性）なのです。

「倹」とは慎みの心であり、角を立てず、何事も自然の結果に身を委ね、環境に順応することによって「和」を実現していくという逞しい生き方です。この慎みの心もまた、人に固有のものです。

「天下の先と為らず」とは、競い争うことを避け、地位や名声に固執しないという謙虚な生き方をいいます。この謙虚さも私たち固有のものです。

つまり、老子は「私には三つの宝物があり、それを大切に守っています。第一はすべてを慈しむ心です。第二は慎ましい態度です。第三は、あえて人びとの先頭に立とうとしない謙虚な生き方です」と自負しているのです。

この三つの宝物こそ、老子が唱えている「常の道」（真実の道）を踏み行うための原動力であり、彼自身が周囲のすべての出来事や物に自然体で対応し、「和」するための知恵であったのです。

「和をもって貴しとなす」とは有名な孔子のことばですが、老子もまた立場を変えて「和」を求めて人生を歩んでいたのです。

続いて、次のように述べています。

「慈《じ》なるが故に能《よ》く勇《ゆう》、倹なるが故に能く広く、敢《あ》えて天下の先と為《な》らざるが故に能く器《き》の長《ちょう》を成す」（第六十七章）。

「慈しむ」という心を持っているからこそ、人びとの心服を得て勇敢になることができます。慎ましい態度を守っているので何事にも余裕ができて、広くゆったりとしていることができます。そして、人びとの先頭を切って猛進しないので、一人一人の個性を把握し、人材を活かすことができ、指導者としての実力を発揮することができる、といっています。

さらに**「今、慈《じ》を舎《す》てて且《まさ》に勇ならんとし、倹を舎てて且に広からんとし、後なるを舎てて且に先ならんとすれば、死せん。夫《そ》れ慈は、以て戦えば則《すなわ》ち勝ち、以て守れば則ち固し」**と結んでいます（第六十七章）。

今、慈しみの心を懐くことなく、むやみに勇敢に振る舞おうとし、慎ましい態度を持たずに、むやみに勢力範囲を広げようとし、後からついていくという謙虚さを持たずに、無理して先頭に立とうとするならば、滅亡があるだけです。

そもそも慈しむ心は、人びとの信望を得ることになるので、必ず勝利を得ることができます。人びとの信頼を得ることができるならば、その守りはより堅固なものとなるのです。

2. 心身・内外の和を求めて努力し続ける――大器晩成

問い　老子の生き方を最も象徴することばは何ですか。

終生にわたって大器として完成することを志した人

『老子』の中で誰もが知っている「大器晩成」ということばを挙げたいと思います。このことばは一般的には「大きな器（人間）が完成するのには長い時間がかかる」という意味で使われています。

しかし、老子は「**大器《たいき》は晩成し、大音《たいおん》は希声《きせい》、大象《たいしょう》は形無し**」と述べ、本当に立派な器はどんなに時間をかけても完成することはないというのです（第四十章）。これを人についていうならば、自ら未完成なことを自覚して、終生完成を求め続けるところに大器としての生き方があるというわけです。

また、偉大な音響は耳で聞き取ることができないほどの微《かす》かなものです。この宇宙には聴覚を超えた、真実の音というものがあります。とくに道の発するメッセージは耳で聞き取ることができないのですが、厳然として存在しています。

さらに森羅万象を生育させる太陽の光とか、大気や地中の水のように、この世で一番大切なものは形として確認することができません。道も同様に視覚でとらえることはできません。しかし、厳然として存在し、影響を与え続けているのです。

老子は、終生にわたって大器として完成することを志し、真実の声を聴き、真に偉大なものを確認したいと願い続けた人物であったように思います。常に未完であると自覚しつつ、そのひたすらな「真実の道」を求める生き方が時空を超えて私たちの心に共感を呼び、余韻となって心に残るのだと思います。

あとがき　――老子の人となり――

老子の一言一句は意表をつくものであり、その詩的な表現や抽象性の高いことばを駆使して綴られた『老子』はとにかく難解な古典です。しかし、老子という人物を脳裏に描くことによって、難解と思われたことばの生命に触れることができるように思います。

老子の人物像を考えた場合、広い学識と高い理想とを兼ね合わせ、現実社会の底辺で蠢《うごめ》く人々の生活に注目し、その人たちの真の安心と幸福とを希求した人物を想定することができます。とくに豊かな学識と豊富な人生経験によって裏付けられたことばに接すると、老子が単に現実の世界に背を向けて、孤高を誇り一人静かに田園生活を好んだ人物ではなく、あくまで俗世のしがらみの中で、いかに生を享受するかを念頭に置き、ひたすら「道」を信じ、徹底して学問を修めた人物であったと考えられます。

しかし、『老子』には「学を絶てば憂い無し」（第二十章）とか、「学を為せば日々に益す、道を為せば日々に損ず。これを損じて又た損じ、以て無為に至る。無為にして為さざるは無し」（第四十八章）と、学問を否定したかのようなことばがあります。これらのことばは学問をしっかりと修めた人の発言です。もしも老子が学問を否定し、学問を修めた経験がなければ、そもそも彼に学問の価値を云々する資格はないのです。またその発言は単なる戯言《ざれごと》として葬り去られ、時代を超えて私たちの心に響くはずはないでしょう。

知識や情報は一段高いところに立って初めて、それぞれの価値や意義を理解することができます。もしも知識を得ることのみに力を注ぎ、情報の渦の中にいるならば、それは単なる物知りであり、情報マニアであって、見識の高い人と評価されることはありません。『老子』で展開されている、当時の世の中の状況についての分析や人々の心理に対する洞察、さらに人類の歩んできた歴史に対する見識は、単に博学多識であるだけでは説きえないものです。

しかし、『老子』を通読すると、そこには広い学識を説くだけでなく、現世を生き抜く知恵が説かれています。これは彼が学究の徒であるだけでなく、常に自己を見つめ、高い見識を持って現世に身を置いた求道の徒であり、救済者であった証しです。

ことに老子によって初めて開陳《かいちん》された「道」（真実の道）を自覚することによって人としての真の安心を得ることができるとする哲学は、唯一の価値に目覚めることの重要性を説いたものであり、それは砂漠の民が「神」を創造したことに匹敵する文化史的な意義を持つものです。しかし、老子は宗教の形式を一切とりませんでした。つまり、祈れば救われるという立場ではなく、「道」を信じることによって日々の生活を充実させることができるとして、あくまで現世における日々の生活を重んじ、「道」に目覚めた人の生き方を示唆し、現実の世界を逞しく生きていくための知恵を説いた先達であったのです。

では、その人となりはどのようなものであったのでしょうか。老子は牛に乗った穏やかな老人というイメージで印象づけられています。その人格は尋常の人には計り知れないほどの深さと広さを持ち、ゆったりとした物腰の老人です。そして、何事をするにも慎重で周囲に畏敬の念を懐き、厳粛で隙がないのです。さらに徹底して謙虚で、周りの世界に自然体で溶け込んでいるというのです（本書二二八頁以下参照）。

その穏やかさの中に潜む物事の本末を見定め、私たちの心の深層を見抜く冷静な眼力に対しては老獪ささえ感じてしまうような雰囲気があります。しかし、その口から吐かれる一切の無駄をそぎ落としたことばに思わず耳を傾けた瞬間に、私たちはすでに老子の掌《てのひら》の上にいます。そして、いつの間にかすっぽりと静寂の世界に包まれてしまうのです。

この老人に会うと誰もが清澄な気分になり、肩やひじの力みがなくなり、その教えを人生に活かし、自然体で社会生活を送ることができそうな予感がめばえるのです。そして、会見が終わると、誰に見送られることもなく、余韻のみを残して牛の背に揺られてゆっくりと立ち去っていきます。彼と出会った余韻はいつまでも心に響き、その温かさはこちらが年齢を加えるとともにより大きくなっていくのです。老子は威厳があるけれども、思わず近づきたくなるような温かさを秘めた人物なのです。

最後に本書刊行にあたり、致知出版社の藤尾秀昭社長、柳澤まり子専務取締役編集部長、および直接担当し、細やかな御指摘を賜った番園雅子氏に敬意を表すとともに衷心より御礼申し上げます。

麗澤大学　井出　元

平成二十三年晩秋

参考文献

阿部吉雄等『老子・荘子上』 新釈漢文大系七 昭和四十一年（一九六六） 明治書院
山室三良『老子』 中国古典新書 昭和四十二年（一九六七） 明徳出版社
福永光司『老子』 中国古典選 第六巻 昭和四十三年（一九六八） 朝日新聞社
小川環樹『老子』 中公新書 昭和四十八年（一九七三） 中央公論社
斎藤 晌『老子』 全釈漢文大系 十五 昭五十四年（一九七九） 集英社
木村英一『老子』 講談社文庫 昭和五十五年（一九八〇） 講談社
森三樹三郎『老子・荘子』 人類の知的遺産 五 昭和五十七年（一九八二） 講談社
金谷 治『老荘を読む』 朝日カルチャーブックス 昭和六十三年（一九八八） 大阪書籍
瀬尾信蔵『老子』 現代教養文庫 平成八年（一九九六） 社会思想社
金谷 治『老子』 講談社学術文庫 平成九年（一九九七） 講談社

〈著者略歴〉

井出元（いで・はじめ）

昭和22年静岡県生まれ。麗澤大学卒業、東北大学大学院修士課程修了、中国哲学専攻。現在、麗澤大学教授、学長補佐、廣池千九郎記念館館長。著書に『人生の転機ー廣池千九郎の生涯』『廣池千九郎の思想と生涯』『廣池千九郎の遺志』（ともにモラロジー研究所出版部）、「10代からよむ中国古典」三部作（『論語』にまなぶ人間の品位／『老子』にまなぶ人間の自信／『礼記』にまなぶ人間の礼＝以上ポプラ社）など。

人生に活かす老子

平成二十三年十一月二十四日第一刷発行

著者　井出　元

発行者　藤尾　秀昭

発行所　致知出版社

〒150-0001東京都渋谷区神宮前四の二十四の九

TEL（〇三）三七九六—二一一一

印刷　㈱ディグ　製本　難波製本

落丁・乱丁はお取替え致します。　（検印廃止）

ISBN978-4-88474-946-0 C0095

ホームページ　http://www.chichi.co.jp

Eメール　books@chichi.co.jp